U0016375

3分鐘
未來日記

【369天實踐版】

萬人見證的書寫奇蹟

山田弘美、濱田真由美 著

龔婉如 譯

前言

如何讓吸引力之神與你站在同一陣線

如果日記裡寫的一切都會成真，你會怎麼想？

① 依照順序寫，一天只寫一頁。

② 深呼吸後仔細描摹。

③ 以過去式書寫簡短的句子，就像這些事已經發生了。

只要每天早上描摹三分鐘，持續一段時間之後，你會發現日記的內容成真了。

相信各位都將對「未來日記」的威力感到驚訝。

我是本書的共同作者山田弘美。

「未來日記」（第一代）誕生於我身處人生谷底的時代，讓我相信奇蹟真的會發生。

當時我背著一千多萬的債務，錢包裡只有幾張百元鈔票和幾枚銅板。離婚、沒有收入，必須帶著年幼的孩子投靠娘家。

我的兒子當時還是小學生，某天他用好不容易存到的一點零用錢，買了一本有著透明樹脂書套的筆記本送我，還用黑色油性筆，在胭脂色的封面寫下「送給媽媽的禮物」。當時我就決定，要將這本筆記用在特別的地方。

就在我打起精神創業、要開始賺錢的時候，媽媽突然說我住在家裡會害她兒子（也就是我弟弟）結不了婚，叫我搬出去。不得已，我只好離開娘家，狀況因此越來越差。

兒子送給我的筆記本

這時朋友美美（小池眞由美）建議我，

「專心工作五十分鐘，接著再上網聊天十分鐘，可以讓工作更開心、更有效率。」

這個建議給了我極大的鼓舞。於是我在網路聊天室做了一個實驗，測試心想事成這個吸引力法則，到底是不是眞的。

開始實驗之前，我就已經下定決心，爲了孩子，一定要成功運用這個法則實現願望。

爲了達成目的，我打算把一切記錄下來，以比對願望和實驗結果，不順利時再隨時調整方法。

我用兒子送的母親節禮物，也就是那本

特別的筆記本，開始寫日記。每天早上，我都以一整天已經結束的口吻書寫，告訴自己「今天是最棒的一天！」過段時間再回翻，看看之前寫過什麼。

開始書寫「未來日記」之後，許多日記內容居然開始實現。我和美美開了一個聊天室，彼此分享這些成為現實的願望，連續好幾個月都沉浸於心願成真的喜悅，完全超乎我們的想像。

書寫日記的過程，我和美美隨時保持心情愉快，也會適度調整做法、持續付諸行動，生活越來越順心。這時我非常確信「**心想事成是真的**」「**事情會變成你想的那樣**」。

我開始將「未來日記」分享給更多人。十幾年後，我認識了濱田真由美。我們變成很好的朋友，還一起舉辦各種講座，並將其中幾次講座的主題訂為「未來日記」。因為許多學員反映想不到日記要寫什麼，因此我們兩人就在準備

講座內容的同時，一起準備給大家參考的例句。

寫到一半，我們決定休息一下出門散步。散步途中走進和紙專賣店，我隨手拿起「抄經」翻了一下。一個念頭突然閃過腦海，彷彿被雷打到，我趕緊叫來眞由美，興奮地和她分享這個發現。直到現在我還記得自己當時有多興奮。

「如果不知道寫什麼好，就用描摹的吧！」

我們連忙回家、立刻著手進行，並在當天就做好描摹的檔案。

這本「未來日記」（第二代的小冊子）幫助了許多人實現願望，也促成我和濱田眞由美共同出版《3分鐘未來日記》這本書。

在臉書社團，許多讀者都分享了透過未來日記實現願望的體驗。上一本著作隨書附贈了一本四十九天份的小冊子，出版後，我們經常接到讀者詢問：「我已

② 仔細描摹。

① 填入日期。

012

🌏 **001**

年　月　日

早上的三分鐘是黃金時間。

在未來日記寫下

希望今天發生的小幸運。

我們每天的所見所聞，都會留存於無意識之中。看到「今天的幸運色和幸運食物」這類訊息，就會一直放在心上。從今天開始養成習慣，在一天開始的時候描摹未來日記裡與幸運相關的文字。將注意力放在自己期望的方向吧。

說明：仔細閱讀。

③描摹完之後，以過去式的句子寫下日記。

經寫到第○輪了，有沒有更進一步的版本可以寫？」過了這段時間，很高興終於有機會與讀者分享這本一年份的《3分鐘未來日記【369天實踐版】》。

本書的描摹內容，或許部分和一般認知的「常識」不太一樣。因此我們在每頁的下方欄位，加入了親身經驗或說明，相信各位讀完能感受到「或許真的會這樣」。

以下為讀者整理出幾個重點，可以提升《3分鐘未來日記【369天實踐版】》的實現機率。

①日記最後加上表達情緒及感謝的句子，感受願望實現的心情。

②實在想不到要寫什麼的時候，只是描摹也可以。無法每天寫也不用介意。

③不要每天回頭讀之前寫過的內容。

④選一枝好握、最喜歡的筆來寫。

⑤ 和人分享願望成眞的部分。

請由本頁 QR Code 加入臉書社團「3 分鐘未來日記◆方智好讀」。

《3 分鐘未來日記》爲許多人帶來奇蹟，這次爲各位讀者帶來的是進化後的《3 分鐘未來日記【369 天實踐版】》。

寫完整本之後，你將會發現吸引力之神站在自己這一邊，身邊的一切都和過去不同，完全超脫世俗常識。

今天開始，你眼前的世界將會是最幸福的世界。

未來日記
369

001

年　月　日

早上的三分鐘是黃金時間。

在未來日記寫下

希望今天發生的小幸運。

我們每天的所見所聞，都會留存於無意識之中。看到「今天的幸運色和幸運食物」這類訊息，就會一直放在心上。從今天開始養成習慣，在一天開始的時候描摹未來日記裡與幸運相關的文字。將注意力放在自己期望的方向吧。

002

年　月　日

體驗就是一切。

告訴自己，所有寫在日記裡、

希望實現的小幸運都已成真。

成為理想中的自己只有一個方法，就是想像自己已經成功，用成功者的方式
思考、說話和行動。理想的你，會有怎麼樣的心境？都聊些什麼？採取什麼
樣的行動？大家不妨發揮想像力，提前練習。

003

年　月　日

想認真描摹每個句子。

每天都迫不及待，

開心的事會一直持續下去。

第一次實現未來日記的內容時，那種驚喜真是無以言喻。那一天起，你會開始感覺「說不定其他事情也會實現」，每天充滿期待。初期只須好好享受，靜下心來體會描摹文字的美好時光。

004

年　月　日

早晨的心情決定一整天的好壞。

以好心情展開一天，

就會有好事發生。

心情不好，總覺得做什麼事都卡卡；心情好，做任何事彷彿都很順利。確實
就是這樣。千萬不要在一天的開始，讓不好的情緒壞了一整天。找出最適合
自己的方法，讓自己瞬間就能擁有好心情，會讓你順利一整天。

年　月　日

保持愉悦心情的時間變多了。

幸運的祕訣在於保持好心情。

隨時隨地感覺幸福的人，都懂得保持好心情。即使發生意外的插曲，也能在短時間內做出調適，隨即切換回好心情。這麼做可以延長保持好心情的時間，進而讓自己越來越幸運。

006

年　月　日

任何事都是一體兩面。
站在不同的觀點，
就有不一樣的解釋。

雨天和晴天有各種不同的解讀，例如「農作物會長得更好」「新買的雨傘和雨鞋有機會亮相」「衣服、包包和雙腳會弄得濕答答」「會曬黑」「超熱」等。站在不同的觀點，結果（反應）就會不一樣。正面看待事物，就能改變結果。

007

年　月　日

一切早已在我手中。
以為不曾擁有，
現在才發現原來就在手中。

英年早逝的朋友，臨終前曾對我說：「早知道就該花更多時間陪伴另一半。」朋友一輩子都在為實現願望拚命，希望能在山明水秀的地方買棟漂亮的房子，卻在最後的日子才察覺，最好的禮物，其實就在看似不起眼的日常生活中。

008

年　月　日

任何事都取決於用心與否。

稍微改變一下做法，

沒想到成果超乎預期。

同樣一件事，或許用平常順手的方式就有效果。但若想改善、獲得更好的成果，就必須採取不同的方法。想想，平時的方法是否能加入一些小巧思呢？

009

年　　月　　日

行動要快、創造要大。

早點完成例行性工作，

得以從事全新的嘗試。

你是否曾感覺「沒辦法做真正想做的事」？心裡掛念著某些事情的時候，就很難從事創造性的事物。這時不妨將必須完成的事項一一列出，並寫下無法順利進行的原因。條列出不安的原因，就能穩定心緒，一項一項地解決。

010

年　月　日

所有物質都來自電子和原子。

用對待昂貴珠寶的方式，

善待平常使用的物品。

請大家回想一下求學階段時的理化課程。所有物質都來自相同的原子，會接收並與最外圍的電子互相結合。以金屬元素為例，銀有47個電子、白金有78個電子、金有79個電子。而構成人體的水（H_2O），氧有8個電子、2個氫原子共有2個電子，共計10個電子。

011

年　月　日

美味來自愛與用心。
做菜時在心裡對食物說：
「要變好吃喔。」

忙碌的時候還要煮菜，因此常常搞得一團亂，忍不住在心裡嘟囔：「太麻煩了，真希望快點弄完。」忙不過來的時候其實簡單準備就好，白飯配味噌湯、麵包配果汁都可以。暫時放下手機、用心準備，一邊對著食物說：「要變好吃喔。」即使餐點的變化不多，也是豐富的一餐。

012

年　月　日

衣物保護我的身體，對喜歡的衣物說聲「謝謝你」。

某次去山上健行時，不小心滑落路旁的水坑，樹枝劃破牛仔褲，長約20公分。我小心翼翼地脫下殘破的牛仔褲，發現居然只有輕傷。讓我深刻地感受到，衣物最重要的功能是保護身體，流行只是其次。

013

年　月　日

學習從模仿開始，嘗試模仿崇拜對象的言行舉止。

從客觀的角度觀看別人鏡頭下的自己，會發現這才是別人眼中的你。如果想有所改變，不妨嘗試模仿崇拜的對象或偶像的表情及言行舉止。不需要百分之百複製，只要加入偶像值得學習的地方，將為自己的魅力加分不少。

014

年　月　日

學習使我成長，
思考自己想學習什麼樣的新事物。

學習新事物並運用在生活中，需要投入大量的精力。但還是要打起精神努力
學習！現在的所學、所用，都會讓未來的生活更加幸福、富足。回首過去學
習的過程，你將慶幸：「十年前的我拉了自己一把！」

015

年　　月　　日

習慣是人的第二天性。

思考自己想養成什麼樣的習慣。

養成良好的習慣,並在不自覺中展現出來,就能將天生的超凡氣質與能力發揮出來,像勤奮、溫暖的包容力、堅持等。想擁有任何氣質與才華,重要的是將這些特質自然地融入日常生活,並反覆執行。思考一下自己想在什麼時機點,將什麼習慣變成每天的日常。

016

年　月　日

成為勇敢說「不」的人。
學會在不傷害對方的情況下
勇敢拒絕。

「手邊的工作忙不過來，沒辦法在期限內完成。」「我不擅長這個領域，請找其他更適合的人選。」像這樣說清楚自己的想法，可以提升旁人對你的信任。無法赴約時，試著勇敢說出「謝謝你的邀請！但我已經有約了，沒辦法去。祝你們玩得愉快。」（獨處也是一種與自己的約會）可以讓雙方的友情更長久。

017

年　　月　　日

這樣就好。
偶爾休息一下，不再苛責自己，
就不再有罪惡感。

「這樣就好」具有神奇的魔法。雖然只有短短幾個字，卻具備了原諒不完美的自己、接受真正的自己、完完全全地愛自己的深切意義。犯了錯、忘記某些事、無法按照計畫進行時、想苛責自己的時候，不妨就用這句話溫柔提醒自己。

018

年　　月　　日

決心的強弱，決定結果的好壞。
將想放手的壞習慣寫在紙上，
對這些習慣說再見。

試著在腦海想像一件曾讓你想過「如果可以○○該有多好」的事。接著從身邊找出正在做這件事的人，觀察這個人的習慣，或是想像有人正在這麼做。只要下定決心就能養成習慣，而且將以很高的機率實現心願。還有更簡單的是，將一直想改變卻無法戒掉的習慣寫在紙上，對不想要的習慣說再見。

年　月　日

跨出第一步。

不要想太多，先做就對了。

做準備是好事，過度準備卻會讓你永遠無法跨出第一步。時代的腳步越來越快，想太多只會讓自己變得落伍。花過多時間準備，回過頭來才發現生命短暫。不用準備得太細緻，先做再說吧。只要在過程中一邊修正，就能將事情做得至善至美。各位不妨一試。

020

年　　月　　日

就算過程中斷斷續續，
只要反覆去做，也能養成習慣。
雖然偶爾偷懶，還是要努力持續。

日文「三日和尚」的由來是指三天就能熟記所有經文的和尚。知道這件事後，每當聽到有人形容自己像三日和尚一樣無法堅持時，就會一改過去的既定印象。相較於必須長期堅持不間斷，「斷斷續續也無妨的話，似乎比較能持續」「中途休息一天也沒關係」的想法，讓我的心情更輕鬆了。

（譯注：「三日和尚」日文為「三日坊主」，「三日坊主」相當於中文三分鐘熱度之意。只當了三天和尚就吃不了苦，想還俗；用來形容對事物無法長久持續的人。）

021

年　月　日

習慣形成我的一切。

發現自己養成了一項

下意識反射的新習慣。

每天早上我都會寄送線上課程給學員，自從開始錄製免費影片之後，這個習慣已經持續超過五年。剛開始我必須在上午或傍晚寫寫改改，花費很多時間。不知什麼時候開始，我發現自己在早上起床後就能寫完。我才察覺，這是因為養成了每天早上起床後立刻書寫3分鐘未來日記的習慣。

022

年　月　日

讓影響心情的畫面及聲音，
從生活中消失。
決定不再收看八卦內容的節目。

多到數不清的眾多訊息中，每個人可以接收到的僅有其中的0.00036%。因此每個人都應該慎選真正有用的訊息，就像挑選珍貴的寶石一樣。最簡單的方法，就是停止收看八卦內容的節目。決定不接收無謂的訊息並關上電源。

023

年　月　日

學會轉台。

學會在感覺不舒服的時候，

立刻切換內心的頻道。

明明動動手指就能轉台，偏偏還是很多人會有一搭沒一搭地看著沒興趣的節目，明明還有很多讓人看了會心情大好的節目。把內心的頻道切換為好心情不難，就像動動手指就能切換電視頻道一樣。

024

年　月　日

選擇讓自己心情好的聲音。
試著問問自己，
什麼樣的聲音讓你舒心。

什麼是感覺舒適的聲音、聽了會心情好的聲音？每個人的感受都不一樣。我的家人喜歡下雨的聲音，經常在入睡前聆聽。我喜歡河流的聲音，工作或寫文章的時候，如果聽有歌詞的音樂很容易分心。對你來說，什麼樣的聲音令你感覺舒適呢？

025

年　月　日

專注於自己的內心，思考什麼時候我會感覺舒暢。

現沖咖啡的香氣、眺望窗外的公園或遠山綠景、在咖啡廳度過的時光、為自己買一束花裝飾居家環境、回家後的時間……各位不妨思考一下，什麼時候會感覺放鬆或舒暢，想放鬆心情時就可以這麼做，讓自己隨時能切換到舒適的感覺，輕鬆度過。

026

年　　月　　日

第一次的挑戰為我帶來活力。

試著做了一些新的小嘗試，

非常開心。

研究指出，人腦細胞會在30歲後逐漸減少，但只要開始嘗試新事物，就能使腦細胞獲得兒童時期般的成長，例如學習新的軟體功能，任何事都可以。現在就試著學些新東西吧。身體習慣了各種新嘗試後，大腦也會更年輕。

027

年　　月　　日

保有一顆穩定的心。

越來越懂得如何維持愉悅的心情。

將東西往上拋必定會掉下，想維持穩定的心情，就不應該刻意提振精神。心情盪到谷底的時候，如果勉強自己提起精神、刻意振奮，只會耗費能量。旁人也會感受到這種勉強。維持愉悅心情最有效的方法，就是隨時讓自己心口合一、言行一致。

028

年　月　日

心情是一種預兆。

思考什麼話題會讓自己維持笑容。

痛苦持續太久會讓人笑不出來。請各位學習察覺內心的警訊。臉上帶著笑容，表示心理狀態非常健全。你知道自己遇到挫折的時候，看到、聽到怎樣的喜劇或是搞笑橋段，會忍不住笑出來嗎？試著找出這些影片或音檔，好好笑一笑吧。

029

年　月　日

使我們忘記了它的存在。

思考有哪些富足過於理所當然，

日常生活中充滿非凡的富足。

生活充滿各種理所當然能看到、聽到、碰到、聞到、嚐到的事物，理所當然到我們甚至意識不到它的存在。仔細欣賞、聆聽、用心觸摸、感受氣味與口感，如此一來，便能感覺身邊充滿生命帶給我們的各種富足。在生活中延伸自己的各種感官，細膩、用心地體會各種感受吧。

030

年　月　日

使用的富足。

可以理所當然地使用電、

用瓦斯、用水，就是一種富足

天災或事故發生時，無法像平常那樣自由用水、用電、用瓦斯，不禁讓人感嘆平時有多幸福。很多事物都是失去後才懂得珍惜，千萬不要因為隨手可得就浪費，在日常生活中請提醒自己隨時抱持感恩的心。

031

年　月　日

身體是靈魂棲息的神殿。

決定好好珍惜

陪伴我一輩子的身體。

人類會為看不見的神明建造雄偉的神殿。有機會造訪神殿時，我或多或少能感應到這個神殿是否已經荒廢、是否保持美觀整潔、是否有神明棲息於此。肉眼看不見的我們的靈魂，休憩的地方正是身體。我們活著的每一天都在使用身體，一定要好好珍惜，維持身體的美麗與潔淨。

檢視卡 ⓵

回顧過去 31 天的書寫內容。
回答以下的問題,想寫什麼都可以。

已經實現的事情。
越來越接近完成的事情。

用一句話稱讚自己。

恭喜完成
Congratulations

寫下發現了什麼。

以「生活中的小幸運」為題。
用預言的方式寫下
希望一個月後發生什麼事。
⋯⋯⋯ 例 ⋯⋯⋯
突然好想吃香蕉喔,沒想到家人當
天就買香蕉回來!太幸運了~!

032

年　月　日

極小機率誕生於這個世界。

想像自己以天文學等級的

誕生就是一種奇蹟。

期待已久的旅行，好不容易抵達了目的地，你想如何度過呢？這正是短短數十年、稍縱即逝的人生旅行。但日常生活總是了無新意，每天都得為了各種瑣事煩惱，讓人無法聯想到自己的誕生就是奇蹟。來地球走一趟，對靈魂來說不過是一瞬間的事情。你想如何度過呢？

033

年　　月　　日

幫助他人的富足。

在自己能力範圍內試著親切待人。

撿拾路上的垃圾會感覺自己做了好事，心情跟著變好。路人看見這一幕，也會感覺幸福。如果有人把這件事分享在社群平台，看到這則貼文的人也會感覺幸福。撿拾垃圾這個簡單的動作，能為不認識的人帶來幸福，也是一種富足。

年　月　日

真正重要的事物都不是肉眼可見。

寫下三個肉眼看不見的富足。

舉例來說，如果想要金錢、用錢來購買某樣東西，真正的源頭，也就是念頭，是肉眼看不見的。或許你想買名牌包來證明自己的工作有價值，或許是新房子，也或許是藉由旅行與家人共度快樂的時光，都是肉眼看不見的。

035

年　月　日

需要的一切就在身邊。

以為不曾擁有，

其實只是沒有注意到。

你是否有過這樣的經驗：出門前突然發現找不到鑰匙、找不到手機，而把自己搞得神經兮兮。這時，家人馬上發現東西就在某個明顯的地方。或是找了很久之後，在根本不該出現的地方找到。許多你以為自己不曾擁有的東西，可能正近在咫尺，只是還沒有發現罷了。

036

年　月　日

缺角的圓比完整的圓更吸引人。

我了解這世界並不存在完美的人。

我們很容易看見別人的缺點，覺得這個人哪裡不好、如果可以再怎麼樣就好了。我們眼中不完美的人，說不定回到家裡是好爸爸、好媽媽，說不定是熱心助人的露營達人，說不定很會做菜，或是很懂得照顧植物。或許只是我們對人總是太過要求完美。

037

年　月　日

缺點是一種個性。

自認為的缺點，

居然獲得了他人的稱讚。

我們總是很容易發現別人的缺點，面對完美的事物卻很快失去興趣，或感到興致缺缺。留意一下自己喜歡的人事物，是不是其實有很大的缺點？或是有不同於其他人事物的特點？我們身上也都具有不同於他人的特點。

038

年　月　日

儲存屬於自己的謝謝點數。

為人付出一點小事，

獲得對方一句「謝謝」，

讓我發自內心感到快樂。

部分研究認為，日文和夏威夷語等每個音節都包含母音的語言，蘊含著「言靈」（譯注：意指語言中不可忽視的力量，例如特殊能力或詛咒）。據說只要不斷重複「ありがとう（a-ri-ga-to-u）」就會有好事發生，各位不妨試試。相反地，如果口出惡言或抱怨，「謝謝點數」就會歸零。我就曾經聽過許多人因為把「謝謝」說了一萬次、一百萬次而發生奇蹟。

039

年　月　日

喜歡的事才能學得更好。
回想小時候最喜歡的那些事。

每個人小時候喜歡做的事情都不一樣，例如埋頭看書、在沙堆挖隧道、玩黏土、玩積木、在公園攀爬單槓。相信大家做這些事的時候，很少會去想自己做得好不好吧。長大成人後，卻會因為別人對我們的評價，而選擇要不要做。拋開這些雜訊，埋首於自己喜歡的事情，自然就會越做越好。

040

年　　月　　日

失望為機會之母，
我了解失敗是一項珍貴的體驗。

失敗是什麼？當我們無法達成自己設定的目標，或是別人為我們設定的標準，就會認為自己失敗了。但如果能將這個經驗作為改善的借鏡，找出失敗的明確原因、擬定因應對策，就是進步。相較於失敗後什麼也不做，完全是天與地的差別。

041

年　　月　　日

寧靜的時光造就魅力。
把手機放在隔壁房間，
營造屬於自己的寧靜時光。

玩手機的時候，都沒辦法好好和家人、朋友面對面聊天。生活中經常看到情侶在約會，兩個人都緊盯著手機，或是其中一個人只顧著滑手機而冷落對方，惹得對方不開心。即使是獨處，滑手機也會減少和自己對話的機會，因而忽略自己的想法和感受。請大家暫時停止接收資訊，為自己保留更多思考和發呆的時間吧。

042

年　月　日

找出獨處時怡然自得的事情。

內在的光采更吸引人。

有說法認為，小說最吸引人的地方不是作者創作出的整本小說，而是其中的一小部分。《哈利波特》的作者J・K・羅琳曾說：「對我來說，最大的樂趣就是讀者沒有發現的書中的某個世界。」在這個以你為主角的人生故事，正因為有許多不為人知的部分，才更增添了魅力與深度。

043

年　月　日

必然的偶然。

不可思議的偶然，比之前更多。

本來以為只是單純的偶然，一旦有了「該不會是必然的偶然吧？」這個念頭，對事情的解讀就會改變，進而帶動現實的改變。必然的偶然（synchronicity）是心理學家榮格提出的概念，意思是指那些有意義的巧合，中文稱為「共時性」。

044

年　月　日

連續發生兩次的偶然即是必然。

同樣的訊息接收到兩次，

一定是當中蘊含著某種訊息。

對某些事物的解讀加入必然的偶然，便會開始思考：「同樣的事情連續發生兩次，一定有特別的意義。到底是什麼呢？」因此，有時會做出過去不曾考慮的選項，產生與過去截然不同的結果。遇到偶然發生的事，不妨將它視為必然的偶然，試著思考其中的意義。

045

年　月　日

直覺是一種隱隱約約的感覺。
心情平穩的時候越能抓住直覺。

說到直覺，你是否會聯想到被雷打中般的衝擊，或是突如其來的巨大聲響呢？大多數的直覺都像是心裡微弱的呢喃。一滴水掉入波濤洶湧的大海，會被海浪吞噬；但如果落在平穩如鏡的水面，則會引發美麗的漣漪。心情平靜就能輕易接收到直覺。

馬上採取行動就會非常順利。

有了念頭後，

即思即行。

懂得抓住直覺之後，接下來就是採取行動。抓住直覺立刻採取行動，便有機
會讓事情更順利。接著，你會發現自己越來越能掌握接踵而來的直覺。花時
間過濾、讓自己稍稍喘息，再決定如何處理直覺。

047 ◯◯

年　月　日

發現生活中的徵兆。
好像即將有好事發生的
預感越來越準。

人類的大腦可以在意外發生前幾秒感覺到訊息，將指令送到身體，以便對接下來發生的事做準備。同理可證，我們也會在好事發生之前，接收到某種訊號。感覺似乎有好事要發生時，不妨試著把它記錄下來。

年　月　日

共時性的體驗。
想到某人的時候，
就收到了來自這個人的訊息。

某次到伊豆旅行時，我想著要買些生芥末當伴手禮。途中進蕎麥麵店點了天婦羅蕎麥麵，沾著碟子裡的生芥末一起吃，非常美味。吃完店家突然送來一整根當天早上現採的山葵，問我要不要再來一些。我告訴店家：「我已經吃飽了，沒關係。」沒想到老闆居然讓我把整根山葵帶回家。

049

年　月　日

人生中沒有偶然。
開始察覺映入眼簾的
一切事物都蘊含某種訊息。

世界之大，我們所見的不過是無數事物中的一小部分。人體的機制非常神奇，為了保護大腦不受傷害，只會看見或聽見對自己重要的事。反過來說，我們偶然看見的、聽見的，其實都是自己覺得重要的事物，是刻意讓我們看見或聽見的某種徵兆或訊息。

年　月　日

專注的事物越來越多。

當我把注意力放在好的事物上，

就有越來越多好事發生。

有時我們看不見某些東西，是因為沒有意識到。只要把焦點放在這些事物上，就會看見了。例如房間裡有幾樣紅色的物品，如果沒有意識到，就數不出正確的數量。無論我們喜不喜歡，只要專注於某樣東西，會看見。各位不妨試試有意識地將焦點放在自己期望的事物上。

051

年　　月　　日

未來日記開始產生效果。
寫下的小幸運逐漸成真。

未來日記還在構想階段時，我就已經養成每天早上寫下「希望發生的十件事」的習慣，就像抄經一樣。久而久之，我開始不需要看前一頁也能寫滿十件事，像反射動作一樣。後來，因為寫下的內容有八成左右已經實現，我便停止了這個主題的書寫。這件事讓我知道，書寫確實會改變某些事情。

年　月　日

書寫具有神奇的力量。
一邊仔細書寫，
一邊誠心想像願望就要實現。

有很多方法可以將內心所想化為肉眼可見，其中，最能有效放大各種感官的，就是在紙上書寫，當然也包括未來日記。聽著筆在紙上書寫的聲音、聞著紙張的味道、手指傳來的觸感、書寫的一字一句映入眼簾，一切都將會轉化為記憶。真正重要的事物，一定要親手寫在紙上。

053

年　月　日

他人是照映出自己的一面鏡子。

當我露出笑容，

就看見對方也對著我笑。

一位媽媽苦於孩子不願意分享在學校發生的事來找我諮商。我建議她在流理台擺一面鏡子，隨時檢查自己的表情，事情馬上有了轉機。她的孩子終於說出真正的原因：「媽媽常板著一張臉，看起來很累或是很生氣的樣子，所以我才不敢和媽媽說話。」

年　月　日

昂首向前行。

端正姿勢、挺直腰桿，

心情就會有所不同。

有個可以輕鬆轉換情緒的方法，就是改變姿勢。心情低落的時候，我們經常
駝背或垂頭喪氣。只要鍛鍊肌肉、隨時保持正確姿勢，身體自然會分泌快樂
激素血清素。挺直腰桿、端正站姿，就能有效轉換情緒。

055

年　月　日

笑口常開，福氣自然來。
看了最喜歡的逗趣節目，
笑得非常開心。

「笑口常開，福氣自然來」，翻譯為英文就是「laughter is strong medicine」（笑容乃良藥）。許多人都在研究笑與健康之間的關係，笑具有減輕壓力、增強免疫力的效果，已是全球公認的事實。時常露出笑容，健康這個「福氣」就會來臨喔。

年　月　日

任何時候都試著這樣問自己。

我開心嗎？

做任何決定時，我們總會猶豫這個決定「是否正確」。沒有所謂正確或錯誤的決定，猶豫時不應該思考正不正確，而是要問自己是否開心。如果覺得開心，就表示內心在發出「go」的訊號。

057

年　月　日

我做得很棒！
學會一點點小事也能稱讚自己。

人類和其他生物不同，很容易看到他人和自己不完美、不足的地方。任何人都有不完美的地方，不需要急著知道別人對自己的評價。不妨先試著找出自己做得很好、很努力的地方，多多稱讚自己。

058

年　月　日

不再堅持完美主義。

不想做的家事，

今天就先暫停一天。

世上沒有完美的事物。一味追求虛幻也不可能實現，還會在感覺完美的瞬間開始崩壞。完美主義者要求自己什麼都要會、把所有事情攬在自己身上。現在就拋開不是0分就是100分、非黑即白的觀念，擁抱灰色地帶吧！1到99有很多空間，足以讓我們過上快樂無憂的生活。

059

年　　月　　日

將物品視為人，帶著感謝的心情整理家務。

你知道植物也會唱歌嗎？有研究人員開發出一種轉化器，可以將植物感覺舒適時發出的電波，轉化為各種聲音進行演奏。第一次聽到植物的歌聲時，我深刻感覺到，原來植物跟人一樣都有生命。不論是蓋房子的木材或木製家具，原本都是樹，即使經過加工處理，還是有20％以上的水分，也都是有生命的。

年　月　日

加上一些想像。

試著在做菜的時候對食物說

「要變好吃喔」，對食物施加魔法。

有研究指出，心臟是人類情感的中樞，而腦波會與心率同步。事實勝於雄辯！各位不妨在今天做菜的時候試試，把手貼在心臟上，誠心地說「要變好吃喔」，用這樣的心情做菜，並觀察一下家人的反應、實際品嘗看看跟平常有什麼不一樣。加入想像做出來的菜，嘗起來如何呢？

061

年　月　日

感謝期限的存在。
覺察到因為有期限，
工作和功課才能順利完成。

做任何工作或功課時，可以花時間好好完成當然最好。但我們常常因為沒有訂定期限，而把焦點放在某個地方，只想著把某部分做好，最後才發現忽略了整體，導致事情無法順利完成。事先訂定期限就能按部就班進行，並逐一改善，讓整件事順利結束。

062

年　月　日

集中精神進入忘我的境界。

試著使用鬧鐘功能，

讓自己完全專注於手邊的工作。

進入忘我的境界指的是專心於某件事，彷彿忘記時間的存在。如果一直在意時間，反而無法專心在工作、興趣、家事或任何準備上。建議大家使用鬧鐘，在鬧鐘響起之前，集中注意力在手邊的工作。當你感覺時間靜止，或許就能感受忘我的境界。

檢視卡 ②

回顧過去 31 天的書寫內容。
回答以下的問題，想寫什麼都可以。

已經實現的事情。
越來越接近完成的事情。

用一句話稱讚自己。

恭喜完成
Congratulations

寫下發現了什麼。

以「感謝」為題，
用預言的方式寫下
希望一個月後發生什麼事。

察覺並感謝那些過去以為
理所當然的事情，非常開心！

063

年　月　日

機不可失，失不再來。

機會來臨時，

無論如何先抓在手上再說。

獲得難能可貴的機會卻不懂得把握，十年後才回過頭來，希望對方再給自己
一次機會，大家都知道是不可能的。機會的有效期限非常短，最好的時機也
會因情勢而改變。從今天起，只要察覺到機會，請各位無論如何先抓在手上
再說，之後再決定要放掉還是把握。

064

年　月　日

同一時間只能做一件事。待辦事項再多，也要將全部精神集中在目前的工作。

一心多用雖然給人效率很好的印象，但人類的大腦並不適合同時處理多件事情，效率反而會變差。建議各位先把該做的事情全部寫下來，決定先後順序再逐一處理。這麼一來不但能提高效率，代辦事項一一清除後的感覺超舒暢！也比較不容易累喔。

065

年　月　日

累積各種小習慣非常重要。

書寫未來日記已經成為一種習慣。

第一次嘗試新事物的時候是由大腦處理，等到逐漸習慣、成為直覺反射動作後，則由小腦記憶，不須經過大腦思考。某些研究認為，同一件事情做過32次之後，就會從大腦轉到小腦變成記憶。未來日記最有意思的地方在於，許多好事會逐漸成真。在那之前，請大家持續努力，就算只是描摹也沒關係。

066

年　　月　　日

新手的好運氣。在一知半解的狀態下做某些事，不知道為什麼都會非常順利。

不論是電玩或工作，很多第一次嘗試的事，總會沒來由地特別順利。其中一個原因是，第一次通常不會帶有任何情緒，不會思考「到底應該這樣做還是那樣做」。很多事情就算不完全了解、尚未做好完善準備，也可以試著開始，這也是一個招喚幸運的祕訣。

067

年　月　日

如何開啟早晨，會改變一整天。

試著將鬧鐘時間設定得比平常早一些。

年輕的時候我很愛熬夜、晚睡晚起，直到開始寫文章才開始早起。其他人都醒來後，就必須處理各種聯絡事項，時間會一下子過得很快。早點起床，多出來的時間可以集中精神做事，也更能處理自己想做的事。各位不妨試著比平常早一點起床，挑戰想做但一直沒做的事。

068

年　月　日

隨隨便便，就是不受拘束。開始覺得能照自己的節奏做事是一件很棒的事情。

「你怎麼這麼隨便！」從相反的角度來看，這句話其實蘊含著：「對方的步調和自己認知的不同，做出來的成果也和預期不同！」每個人處理事情的能力、速度、生理時鐘都不一樣。勇敢對身邊的人說出「我的節奏就是這樣」，在自己與他人的「隨隨便便」之間取得平衡，就是最棒的。

年　月　日

在日常中帶入一些小小的「非日常」。

捨棄熟悉的道路，換一條路走，

有了全新的發現。

當事情變成例行公事之後，我們會用最安心、最安全的方式去做。但重複也表示缺乏變化，會慢慢跟不上時代、顯得落伍。各位不妨試著在每天的例行公事中加入一些新事物，這樣可以維持既往的安心與安全，也可以慢慢進步。

070

年　月　日

優先為自己保留時間。

學會先把時間空出來，

做喜歡的事情。

有時候覺得時間排得好滿，仔細一看才發現都是為別人安排的事。想像自己
心目中理想的生活方式，會發現，其實應該花更多時間在自己喜歡、想做的
事情上才對。拿到年度計畫表之後，請大家在成為理想中的自己前提下規
畫。

年　月　日

持續不間斷的祕訣在於與人分享。

結交可以互相分享新習慣的朋友。

開始嘗試新事物之後，很多人不知道如何與朋友或身邊的人分享。建議大家可以結交從事相同活動、有相同想法的朋友，與他們分享。除了樂趣加倍之外，還可以聽到不同的做法和想法、過程中的故事，彷彿同時感受好幾種不同的體驗，也能互相激勵、增強彼此的動力。

072

年　　月　　日

嘗試與錯誤。
開始覺得可以從錯誤中學習。

做任何事情之前，先收集相關訊息、花時間思考是好事。但如果為了一次到位而永無止境地收集資訊，就不會有開始的一天。相反地，沒有做任何準備就往前衝，也可能會受傷。不論想做什麼事，做好一定程度的準備就可以開始執行，並從過程中的錯誤學習。

073

對日常用品的講究。

精心挑選一枝好寫又好看的筆。

每天使用的物品之中，如果是自己真心喜歡的東西，就會更加珍惜，使用時的心情也會不同。維持好心情，能讓我們把焦點放在好的事物上，更容易招來好運。各位不妨用心找出自己真正喜愛的東西，汰舊換新，逐漸減少日用品的數量。

074

年　月　日

舒心的聲音。

選擇舒心的音樂，

在心情放鬆的時候聆聽

各位在024已經思考過什麼是舒心的音樂。聽了某些聲音或音樂感覺舒服，就記住這個聲音，並有意識地聆聽。除了忙碌或想集中精神的時候，心情放鬆的時候也可以聽，不需要任何目的，只要用身體感受這種舒適的感覺即可。

開口向人道了早安。

開口的重要性。

互相打招呼是件令人開心的事。在我居住的地區，鄰居會互道「早安」「午安」和「晚安」。看到大人這樣做，小孩也會跟著做，甚至連最近搬來的新鄰居也會跟著這麼做。當我們感受到對方的友善，自然也會友善以待。建議各位多開口向人打招呼。

076

年　月　日

洗澡是很好的放鬆時間。
比平常花更多時間好好洗澡。

現代人的生活緊張忙碌，很多人都習慣洗戰鬥澡。其實泡熱水澡不但能讓身體放鬆，還容易獲得靈感。身體是靈魂棲息的神殿，想獲得更多靈感或直覺，不妨找出適合好好泡澡的時段，給自己更多時間好好放鬆。

077

年　　月　　日

不知不覺擁有好心情。

在每個房間點上喜歡的香氛。

五種感官裡，只有嗅覺的刺激不須經由大腦皮質，可以直接傳遞到大腦深處的視丘下部和大腦邊緣系統。因為不須經過思考就能發揮直接作用，因此能影響人體的自律神經、荷爾蒙及情緒。非常建議大家在日常生活中，充分運用香氛對身心靈帶來的效果。

078

年　　月　　日

社群軟體排毒日。

設定時間，暫時放下手機。

處於手機收不到訊號的地方時，會發現自己或他人都更能與大自然進行深層溝通，使心情變得更富足。現代生活雖然方便，卻讓每個人24小時隨時處於待命狀態，整天盯著手機看、匆忙慌張，無法注意手機以外的事物。建議大家試試數位排毒，親自體驗這種感覺。

年　　月　　日

午睡的功效。

小睡十五分鐘使頭腦變得更清晰。

Google和Nike等知名企業都有規畫午睡時間，提倡員工在公司午睡的習慣。午睡能讓大腦冷靜、減少壓力，有助於提高認知能力、注意力和創作力。越是忙碌，越要空出時間午休片刻。讓自己維持頭腦清晰，在下半場的時間過得更有意義。

080

年　月　日

當局者迷。
試著回想身邊有什麼富足之處
是我沒有發現的？

以京都旅遊為例，觀光客往往比當地人知道更多店家和知名景點。許多當地人都是聽觀光客聊起：「走路可到的距離就有好多店家和餐廳，真是太羨慕京都人了。」才知道原來自己住在這麼方便的地方。一些習以為常的事物，通常都是透過客觀角度才了解魅力所在。日常生活中其實充滿了富足。

081

年　月　日

被賦予的生命。

閉上雙眼、深呼吸，

感受空氣進入身體的感覺。

萬物賦予我們生命。平常我們很少意識到生活中的空氣、水和營養，但只要幾個星期、幾天、甚至幾分鐘，缺乏營養、水和空氣，人就不可能活下去。三者之中只有空氣是地球上每個國家都擁有的。感受自己被賦予生命的感覺，呼吸、喝水、享用食物，就會知道平凡的難能可貴。

082

人只要活著就是賺到。
今天早上起床後，
只要想到自己還有生命，
就十分感激。

睡覺時，人體功能會限縮到最低。有人認為這時靈魂會離開人體，回到原本的地方。當靈魂再回到肉體，人就會清醒，完全不知道之前發生過的事。如果靈魂無法回到肉體，就會死去。在早上起床後、開始一天的活動之前，不妨這樣告訴自己：「今天我也平安無事地醒來了，活著真好。」

083

年　月　日

學會用心咀嚼，慢慢享用美食。

品嘗食物，品味人生。

吃東西時，咀嚼的次數越多，越能分泌幫助消化及預防肥胖效果的唾液酵素，不但能抑制食物的致癌性，還能增加大腦的血液循環。因此有說法認為，咀嚼次數不足會導致各種疾病產生。此外，據說咀嚼也能讓發音變得更清晰、更優美。為了維持人體天生具備的健康機制，請各位多多咀嚼，就像盡情品味人生。

084

年　月　日

睡覺時身體仍然持續運作。
六十兆個細胞各司其職地運作，
簡直就是奇蹟。

細胞集結成組織、形成器官，有了神經、骨骼和內臟等器官，才有了人類。
細胞不斷經歷分裂、增生、死亡的過程，據說內臟和肌肉細胞一年就能更
新，成人的骨骼則只需兩年半。身體在我們無意識之中不斷創造出新的自
己，覺得很不可思議嗎？謝謝你，我的細胞們！

年　　月　　日

專屬自己的私人時間。
學會了好好珍惜，
只屬於自己的時間。

設計空間時，如果能在這個空間感受到富足，我就會刻意讓更多空氣進入其中，打造出「什麼都沒有」的空間。身處於寬闊的空間、戶外或是大自然，度過什麼也不做的悠閒時光，是一種非常奢侈的享受。不需要特別前往某些地方，就算只是一個人悠閒地待在陽台，也是一種享受。各位不妨好好珍惜這樣的時光。

086

年　月　日

鑑賞美的事物。
花更多時間仔細欣賞美的事物。

「美」是一種非常直覺的感受，不需要理論。有時候我們無法對美術課本的世界名畫產生共鳴，反而從某些不知名的作品中感受到美。不需要去到風光明媚的知名景點，有時看著日出或夕陽也能讓人感動得驚嘆連連。感受到美的瞬間，不妨停下腳步靜靜感受，爾後這些都將化為靈魂的養分。

○─○ 087

年　月　日

能力不足，也是一種社會貢獻。

因為自己能力不足，

才造就了有能力的人的工作機會。

「沒有某種能力＝不中用」這種說法並不正確。有人不擅長使用電腦，才有電腦教室的存在；有人無法靠自己減重，才有減重教練這項職業。因為你沒有某方面能力或不擅長某些事情，才會開出聘僱缺額、創造就業機會。沒有足夠的能力，其實也是一件很棒的事！

088

年　　月　　日

任何事物都有正反兩面。
自認為是缺點的地方受到稱讚，
讓我非常驚訝。

身材太單薄、國字臉、鼻子太大、身高170cm、小胸部、鞋子尺寸25～28cm
（目測），以上都是「永遠的女神」奧黛麗赫本的身體特徵。她曾留下這樣
的名言：「人生最開心的事就是活出自我、接受自己的缺點，也接受他人的
缺點。」

活在當下。

忘卻，或許也是一項

重要而美好的才華。

許多人會一直想起過去的事，卻無法想像未來。如果將過去與未來放在天平的兩端，會發現過去這一端明顯往下掉，無法取得平衡。取出部分過去的砝碼，兩端才能平衡。忘記過去，或許就是活在當下的最佳辦法。

090

年　月　日

託你的福，是具有魔法的一句話。

用「託你的福，我才有辦法～」的句型造句。

日文託你的福「お蔭様（みかげ、おかげ）」，源自神佛的守護「御蔭」，到了室町時代，加上代表尊敬之意的「お」和「様」才變成「お蔭様」。如果沒有肉眼看不見的神明、祖先、老師、前輩、朋友或家人的幫助，任何事情都無法順利進行。用「託你的福」表達感謝之意，就能將事物引導到最好的結果。

091

年　月　日

有效運用時間。
花更多時間在自己的興趣嗜好上。

想將時間發揮到極致，就應該更有效率地進行各項例行作業。有效提升效率之後，空出來的時間可以和朋友聊天、從事興趣嗜好。你最想提升哪件事情的效率呢？空出來的時間想做些什麼？

092

年　月　日

不用掩飾自己最輕鬆。
找出哪些人願意接納真實的我，
花更多時間與他們相處。

地球上有80億人口，每個人都不一樣。如果每個人都願意接受別人的不同，這世界該有多美好。特別是親朋好友等最親密的人，在雙方認知不同、起爭執之前，不妨置身於大自然、放鬆心情，談談真正的自己並認同彼此，敞開心房好好聊聊。

年　月　日

嘗試提升真實的內在。

外在的美來自內在的光輝。

相信自己不孤單,是因為身旁的人伸出援手才造就現在的你,這樣的你不會急於展現自我。不口出惡言的人,笑容充滿真誠,從內在展現出的一切都是美麗、吸引人的。現在開始告訴自己:「每一天我都感受自己的人生受到所有人的幫忙」「停止口出惡言或抱怨」。

檢視卡 ③

回顧過去 31 天的書寫內容。
回答以下的問題,想寫什麼都可以。

已經實現的事情。
越來越接近完成的事情。

用一句話稱讚自己。

恭喜完成
Congratulations

寫下發現了什麼。

以「工作・學習・家事」為題,
用預言的方式寫下
希望一個月後發生什麼事。

超想換工作的時候,突然接到以前
的朋友邀我開公司,真是太驚訝了!

094

年　月　日

獲得有趣的資訊。
從坐在旁邊的陌生人
擦肩而過也是一種緣分。

某次旅行途中，發現水喝完了，正想著要去哪買水喝的時候，突然聽見附近一對老夫妻說：「這附近連自來水都很有名，很好喝喔。」還說附近有一個水龍頭可以讓人自取飲用。後來我詢問旅館的櫃枱人員，才知道他們也是直接喝水龍頭的水。於是我決定試試，果然非常甘甜好喝，讓我想起小時候直接開水龍頭就能喝水的回憶。

095

年　月　日

映入眼簾的訊息。
想搜尋的訊息
突然自動出現在眼前。

在電車廣告看到有趣的資訊時，我會隨手拍下來，常常就在快忘記的時候會
突然發現「我正好想找這個資料」。甚至有時想找某方面的資料時，會突然
在網路、雜誌或是路邊的招牌上看到。各位不妨將這些不經意映入眼簾的資
訊，當作某種訊號。

096

年　　月　　日

試著告訴自己，不著急也無妨。

靜心等待，好事自然來。

有時候我們擔心很多，但最終這些事都不會發生，只是白費時間著急。有了念頭就馬上採取行動，好好享受當下即可。下個念頭再來時，再次立即採取行動，能做多少算多少，你會發現自己其實不記得之前的事了。就在已經忘記的時候，最早做的那件事便會看到成果。做好自己該做的，剩下的就交給上天安排。

097

年　　月　　日

無法用言語形容的感覺。
順從那種說不上來的感覺，
得到了正面的結果。

當你心裡浮現「說不上來，但有這種感覺」的時候，並非基於過去的經驗累積，而是無法用道理說明的。另外像「早知道這樣就好了」的想法，也都是過去不曾有的經驗。所以當冒出「說不上來，但總感覺如此」的想法時，照著那種感覺去做，反而比較容易成功。

098

年　月　日

偶然即是必然。

開始覺得看似偶然的事，

其實本質為必然。

如果你曾遇過偶然發生的事改變了現實的經驗，就會感覺：「會不會這件事根本就是必然？」例如，當人生走到絕路時，不經意在書店看到一本書改變了你的人生。各位讀者會遇見《3分鐘未來日記【369天實踐版】》，或許也不是偶然，而是必然。

099

年　月　日

抓住直覺的祕訣。
心情平靜的時候更能抓住直覺。

某次我站上腳踏凳，仔細檢查天花板的油漆，一邊維持平衡以免摔倒，突然有了「不知道什麼時候比較能抓到直覺？」的想法。這時，大腦深處突然傳來微弱的聲音。如果希望自己更容易接收到直覺，不妨努力找出心情平靜的時候。

100

年　月　日

解讀雞皮疙瘩代表的訊號。
曾經在聽聞某些事情的時候
起了雞皮疙瘩。

不知道各位有沒有這樣的經驗？欣賞美麗藝術品或接收某些訊息的時候，突然起了雞皮疙瘩。雞皮疙瘩與意識無關，是交感神經作用時帶動體毛的立毛筋收縮，使毛孔關閉而產生。研究指出，雞皮疙瘩不但可以抵擋寒冷，也可以在大腦感受到恐懼前，先做好接受衝擊的準備。

101

年　月　日

接住了發生在身上的小幸運。

運氣也是實力的一種。

發生好事時，你會怎麼想？是「沒什麼大不了」「只是偶然罷了」，還是「或許這不是單純的偶然」「吸引力法則太厲害了」？兩種不同的想法，可說是天差地別。大幸運通常來自小幸運。請告訴自己：「這是一個徵兆，接下來會有更好的事情發生。」

102

年　　月　　日

許願要具體。

寫下具體的願望，

就像列購物清單一樣具體。

願望無法實現的其中一個原因是不夠明確。要點一個披薩卻只是籠統地說「我要一個披薩」，這樣是訂不到、也拿不到披薩的。你必須選擇尺寸、口味和餅皮等細節。人生也是一樣。「想獲得成功」「想要幸福」，就和「我要一個披薩」一樣籠統。對你而言，成功是什麼？幸福是什麼？請具體描繪出來。

103

年　月　日

想辦法從事創新非常重要。

思考如何將不得不做的家事，

變得更有趣。

平常做某些事情時，我們不會想太多，不過一旦有了「到底為什麼要花這麼多時間？」「怎麼這麼麻煩？」「為什麼要做這件事？」的念頭，這些想法自然就會成為研發創意及創新的素材。各位不妨思考一下，怎樣能做得更快？這種念頭不但可以刷新專業技術，也能讓家事變得更開心、更有效率。

年　月　日

思考今年想挑戰哪些新事物。

好奇心是保持年輕的祕訣。

超過60歲卻擁有和年輕人（20～39歲）相同的思考能力，被稱為「超級記憶老人」。這些老人不畏懼挑戰新事物，記憶力與20歲以上、40歲以下年齡層的表現，維持相同的水準。（注：出自麻省總醫院Massachusetts General Hospital；Bradford Dickerson的研究結果。）

105

年　月　日

從失敗中學習。
比起成功，失敗讓我學到更多。

日本經營之神稻盛和夫曾經說過這麼一番話：「景氣好的時候可以讓公司有更多成長，景氣不好的時候就是改善公司的最佳時機。」不順利的時候，如果能趁機找出需要改善的地方加以改進，並度過危機，景氣回復時就能一口氣獲得成長。失敗的時候，千萬不要放過難得的機會，請仔細思考如何改善。

106

年　月　日

發芽之前會先長根。
我了解一切都穩定進行中，
只是肉眼看不見罷了。

問大家一個問題：種子種入土壤之後，會先發生什麼事？相信許多人的答案
都是先發芽。但事實上，種子會先長根。雖然從外表看不出任何變化，但種
子會先扎好根，為接下來的發芽做準備。根扎得越廣、越深，冒出來的芽就
會長得越好、越強壯。

107

年　月　日

過程比結果更重要。

學著經常問自己：「我快樂嗎？」

假設去夏威夷家族旅遊，某位家人一定要完全按照事前規畫的行程走，可以想見旅途中一定會發生爭執。帶著笑容，好好感受規畫行程時的雀躍期待，以及在車上、飛機上、機場裡的非日常體驗，享受國外的空氣、料理、購物經驗、與當地人的交流，甚至是家人之間的對話，才是最棒的旅行。

108

年　　月　　日

讓一整天過得更好。

為自己增加一項早上的例行公事，

早上的例行公事將會改變一天。

只要早上有好事發生，一整天都會過得非常開心。心情好的時候，言行舉止會不知不覺往好的方向走，進而提高好事發生的可能。但我們不能只等著好事發生，不妨閱讀並描摹未來日記的正能量短句，將這一天引導到正能量的方向。

109

年　月　日

三分鐘熱度的效果。

帶著就算只有三分鐘也好的心態，

開始嘗試新事物。

即使做好萬全準備，好不容易開始執行清單裡的計畫，有時反而會突然發現「這件事與我不合」或是「原來我沒這麼喜歡」。只要稍微試一下，就能馬上察覺。建議各位帶著輕鬆的心情開始新事物。抱持隨時可以收手的心情，反而能找到一輩子的興趣或工作。

年　　月　　日

習慣比學習更重要。
做不好也無妨，
決定抱著不斷嘗試的心情去做。

各位記得自己當初怎麼學會騎腳踏車的嗎？是不是經歷了許多失敗和跌倒才
終於學會的呢？不管是走路、吃飯、說話，都是重複練習後自然養成的習
慣。但我們長大之後，卻總要在學習前收集各種資訊、經過大腦理解才做，
還希望一次就成功。想想過去，提醒自己：先做就對了。只要經過反覆練
習，自然就會做得好。

111

年　　月　　日

有效運用睡眠時間。
決定在睡前想些快樂的事。

進入睡眠之前的半夢半醒狀態，顯意識與潛意識間沒有明顯的界線，這時最適合自我暗示。睡前不要回想不好的事、別人惹人厭的地方，不要讓自己在不好的情緒中入睡。多想一些希望發生的事，在無意識中讓這些事情成為現實。今晚你將在睡前，想什麼愉快的事呢？

112

年　月　日

為自己挑選了專屬的午茶專用杯。

喜愛的物品為我帶來好心情。

「在咖啡廳喝下午茶之所以這麼舒服，就是因為杯子好漂亮。」產生這樣的念頭時，不妨買相同款式的杯組送自己吧。開始為自己選購喜歡的杯具之後，與家中其他器物的對比就會越來越明顯，慢慢就會開始淘汰沒那麼喜歡的物品。這是可以讓每天短暫的放鬆時刻更愉快的具體做法。

113

年　月　日

改變透過觸覺獲得的訊息。
試著為自己換上觸感更好的毛巾。

人的潛意識每天都會在不知不覺中透過五種感官獲得龐大訊息，並對無意識的思考及行為造成影響。各位或許經常忽略觸覺帶給我們的刺激，特別是每天日常生活中使用的物品，不妨為自己挑選舒適的款式。

114

年　月　日

善變的心。
試著取消讓自己提不起勁的計畫。

「無論發生什麼事，約定好的就一定要做到。」這種堅持到底的信念，有時反而讓自己無法臨機應變。人心是善變的，改變心意時大可放心取消。說不定朋友接到你的通知，反而會鬆口氣說：「其實我也這麼想。」這樣的事情時有所聞。

115 年　　月　　日

微笑以對。
當你露出笑容，
身邊的人也會報以微笑。

許多研究結果指出，幸福是具有感染力的。不須刻意帶給他人幸福，只要自己幸福，自然會感染身邊的家人和朋友。當你露出笑容時，身邊的人也會笑容滿溢。每個人的笑容都能為世界和平做出貢獻。

116

年　月　日

將五感發揮到極致。
閉上雙眼、深呼吸，
用心感受進入身體的空氣。

一旦失去空氣，人類不到幾分鐘就會死亡。但因為我們不曾意識到空氣，所以總是沒機會好好感受並感謝空氣的存在。今天就和我一起閉上眼睛，認真感受被我們視為理所當然的空氣吧。想像一下乘載著四季不同氣味的透明空氣從鼻子進入肺部的過程、受到汙染的空氣淨化為新鮮空氣的感受。空氣是生命的源頭，感謝空氣維持我的生命。

117

年　月　日

花時間是一種富足。
試著比平常花更多時間咀嚼，
仔細品味食物。

細胞存活的三大條件，分別是空氣、水與養分。深呼吸，好好感受空氣的存在；喝一杯水，讓每一口水慢慢滲透到身體每一個角落；花更多時間好好咀嚼、細細品味，讓身體更有效地吸收養分。這三件生活中的流水作業，經常被大家忽略。只要花更多時間做這些事，就能感受到日常生活的富足。

笑容是禮物。

試著用言語，

讓所愛的人展露笑容。

愛與友情、信任與幸福，肉眼無法看見，卻能透過對方的笑容感受到它們的
存在。如果你也希望感受愛與友情、信任與幸福，不妨讓所愛的人展露笑
容。什麼樣的話語或動作，能讓對方展露笑容呢？你必須用眼睛觀察、用話
語傳達、用耳朵聆聽，能做到這些，對方必定會回報大大的微笑。

119

📖

年　　月　　日

觀察大自然的美。
空出時間好好欣賞日落。

日常雜務太多，讓我們忘記自己其實生活於美麗的大自然中。現在就查詢每天的日落時間，空出時間好好欣賞夕陽及黃昏吧。看著看著，便會將理性思考拋在腦後，發現許多用心感受才會發現的美。欣賞夕陽也能幫助體內的生理時鐘正常運作，晚上睡得更香甜。

120

年　月　日

練習稱讚自己。
試著對自己說：
「做得很好。我很棒！」

大部分的人動不動就自我責備，不太懂得如何稱讚自己。今天就開始練習在句子的○○中填入適合的字，「雖然○○，但我做得很好。」例如：「雖然不喜歡做菜，但我做得很好。」「雖然不擅長與人相處，但我做得很好。」最後再告訴自己「我真是太棒了！」

121

年　　月　　日

童年時光的記憶。
回想起小時候曾經熱衷到
忘記時間的事物。

小時候瘋狂練習彈鋼琴、一頭栽進書海、熱愛積木或畫畫、在公園玩到家人
來接才肯回家……從今天起，保持一顆純真的童心，將手邊該做的雜事盡快
處理完，熱衷、專注於眼前的某件事情吧。

122

年　月　日

向榜樣學習。

思考尊敬的對象有哪些特質吸引我。

幾乎每個人心中都有幾個榜樣，會在無意識中受到影響，並模仿他們的行為舉止，例如知名企業家、藝人、創作家、歷史人物、前輩或家人。你最尊敬的人是誰？你喜歡這個人什麼地方？想模仿哪個部分？想一想這個對象有什麼地方可以讓我們參考，稍微留意就能讓自己變得更好。

123

年　月　日

缺點就是優點。

舉出自己的一個缺點，

換個角度把它說成優點。

每個人的個性都有缺點和優點，這些都只是個人特質，沒有所謂好壞。今天請列出自己認為的缺點，並換個角度說成優點。例如：「任性→做自己」「三分鐘熱度→好奇心旺盛」「放不下→很有耐性」等。

124

年　月　日

「怪人」就是勇於改變的人。

開始可以輕鬆面對自己奇怪的地方。

曾有人對你說「你真是個怪人」嗎？過去的社會推崇「和大家一樣」「不特立獨行」，但時代已經變了。現在的「怪人」等於獨特、有個性、勇於改變的人，也很可能成為不受限於過去的新時代領導者。下次再聽到有人說「你真是個怪人」時，應該要感到高興才對。

檢視卡 ④

回顧過去 31 天的書寫內容。
回答以下的問題,想寫什麼都可以。

已經實現的事情。
越來越接近完成的事情。

用一句話稱讚自己。

恭喜完成
Congratulations

寫下發現了什麼。

以「共時性」為題,
用預言的方式寫下
希望一個月後發生什麼事。
⋯⋯⋯⋯ 例 ⋯⋯⋯⋯
好想去國外旅遊,結果就收到了
旅遊券。耶!太棒了!

物以類聚。勇敢做自己，因而遇見了許多志同道合的人。

志同道合也可解釋為頻道對得上。以手機為例，每家電信業者分配到的頻段不同，所以只收得到自己所屬電信業者的訊號。人的意識和情感也有頻段。雖然肉眼看不見，但我們只會和與自己頻率產生共鳴的人互相吸引。

想像並創作。

我了解無論是暢銷商品或世界名曲，都來自於某人的想像。

126

年　月　日

創作的原理，指的是某個人將內在想像，以肉眼看得見的型態加以創作，使其轉化於外在世界（三次元）。《哈利波特》這部作品首先會在作者J‧K‧羅琳的內在世界被想像。因此，改變外在世界只須做一件事，就是改變內在世界的想像。

○○ **127**

年　月　日

想像力具有驚人的力量。開始相信想像的能力或許遠遠超過我的認知。

人類大腦其實無法區分實際發生和想像中的事情，因此我們可以藉由這個特性進行意象訓練。運動心理學的研究報告指出，意象訓練甚至可以提升肌力表現。只要生動地在大腦中描繪夢想成真的畫面，大腦就會產生錯覺，身體的細胞也會跟著變化。

128

年　月　日

只要想像得出來，就可以實現。

在大腦中描繪下一個想去的地方，

收集各種照片進行意象練習。

許多研究已經證實視覺化冥想（visualization）的效果，意象訓練可以練出實際肌力訓練的八成肌肉，我自己也曾經用這個方法成功減重。因為我在這之前從未接受過訓練，所以還是跟著教練練習了幾次，才找到適合自己的方法。之後就自己進行冥想訓練，成功減了好幾公斤。

129

年　月　日

夢想來自知識。看了節目介紹，認識了以前不知道的美麗國度。

願望必須建立在「知道這樣東西存在」的前提之下。例如，曾經看過夏威夷的照片或影像，因此萌發「好想去夏威夷」的念頭。要有更多夢想，就必須增加新知。在不知道的事物中，必定有許多可能性等著我們發掘。

130

年　月　日

夢想要明確化。

將每一個夢想具體地寫在紙上。

隱約感覺「真希望可以這樣」的時候，就動手將所想的寫在紙上，也就是視覺化，以更客觀的角度觀看。就像想去旅行的時候，要具體思考「去哪裡、什麼時候、跟誰、去多久、想做什麼」。請將夢想一一列出，盡可能詳細、具體地寫下來吧。

年　月　日

言語的能量。

捫心自問：

「什麼話能給我滿滿的元氣？」

「我愛你」「好喜歡你」「謝謝你一直對我這麼好」，這些言語蘊藏著魔法般的能量。不只是接收者，說這些話的人也會在說話的同時，將聲音的振動透過骨傳導傳遞到全身。什麼樣的話語能為自己帶來滿滿的元氣呢？不妨經常將這些話說給身邊的朋友聽，久而久之，自己也會充滿元氣。

132

年　月　日

察覺幸運的徵兆。

結帳時發現金額是 777，

或許這就是一個幸運的徵兆。

從理性的角度來看，看到車牌號碼、電子鐘的數字、購物金額出現純位數（相同數字的組合）時，應該會覺得只是單純的偶然。但這件事難道不能解釋為「在最佳時機偶然看到」嗎？如果連續好幾次看到純位數，都告訴自己「時機太剛好了」，說不定就會更容易遇到好事發生。

年　月　日

直覺來的時候就是行動的最佳時機。

順從直覺採取行動，

發生了令人驚訝的展開。

直覺來的時候立刻採取行動吧。或許有時會發現好像不對，不過真正重要的是體驗的過程。等到下次直覺再來，就可以過濾並判斷「這個直覺可以」或「雖然直覺來了但我選擇不做」。面對必要的事物時立刻採取行動，有時會帶來出乎意料的幸運展開。

134

年　月　日

無法言喻的感覺。

我能精準掌握腦海閃過疑問時，

那種無法言喻的微妙感受。

有時候我們腦海中會閃過一絲疑慮，通常是過去曾在某地見過相同的東西、忘記某樣東西、總覺得和平常不同、從這裡轉進去的話就能抄捷徑等。下一次再閃過疑慮時，不要忽略這種感覺，不妨思考一下偶然的巧合、喚起我們注意的某種訊號、那種怪怪的是什麼感覺，察覺微小的預知或兆頭等各種可能性。

135

年　月　日

人生隨時面臨第一次的挑戰。

嘗試許多以前沒有做過的事情。

新挑戰能促使大腦成長，也是保持年輕的祕訣。製作一張「全新挑戰」清單，按照容易成功的順序逐一嘗試。除了每天都有驚喜與新發現之外，某些挑戰說不定還能學習提升工作能力的新技能喔。

136

年　月　日

做自己喜歡的事情，就會做得更好。
問問自己什麼事情是
「即使賺不到錢我也想做」？

有些人把喜歡的事變成了職業。因為實在太喜歡而一股腦投入其中、追求完美極致，最後變成該領域的專家。請各位想一想，現在的工作中是不是藏著「就算賺不到錢，我也願意做」的事情？專心把這部分做到最好，相信有一天會得到大家讚許：「說到○○，就會想到你。」

年　月　日

卸下心中的煞車。
告訴自己邊做邊學、
邊做邊想就可以了。

很多人做事時總想著「不想失敗」或「一定要成功」，這樣的情緒只會為自己的心踩煞車。不論是發明家或大企業創辦人，都是經歷無數失敗才找出最好的做法。這麼說不是要大家莽撞衝動，而是在能補救的程度下，請勇於嘗試各種小挑戰吧。如此將離成功更近了一點。

138

年　　月　　日

體驗即是一切。

不順利也是一種珍貴的體驗。

從失敗體驗中，累積了許多只有自己知道的訊息。如果將成功比喻為鑽石，這些仍被視為「失敗」的經驗，就是原石階段，有時甚至會感覺如石塊般沉重。但當你開始有了「都是珍貴體驗」的想法，原石就會瞬間變成閃耀的鑽石。所有的失敗都將成為無可替代的珍寶。

用自己的節奏、感覺，

舒適地持續下去。

學會了休息的時候無須自責。

有些人走路喜歡緩慢、悠閒地走，有些人喜歡快速衝刺。如果不知道自己喜歡的步調，只顧著往前走，是會搞壞身體的。現在開始不再勉強配合別人的速度，找出自己的節奏，例如幾個小時休息一次、感覺身體快撐不住的時候就休息等。不管做什麼事，都要讓自己感覺舒服。

140

年　月　日

從模仿偶像做起。
試著模仿崇拜對象的口頭禪。

除了學習偶像的思維,我也曾模仿過偶像的穿著打扮、言行舉止、表情和口頭禪。後來發現,模仿偶像的穿著打扮,會讓我的樣子看起來有很大的不同;模仿偶像的行為舉止和表情,內心則湧現一股完全不同的情緒;模仿口頭禪時,行動也會自然產生變化。各位不妨一試。

藉由視覺和聽覺進入身體。

只選擇自己感覺舒適的內容，

睡前的黃金時間。

睡著之後，顯意識也會跟著沉睡，潛意識則會非常活躍。睡前看見的、聽見的東西，會直接對潛意識造成影響。你都是怎麼度過睡前的一小時呢？請有意識的選擇與自己期望中的世界相關的訊息及想法。

142

年　月　日

對媒體進行斷捨離。
決定不再收看
讓自己不安的節目內容。

我們每天有意識或無意識看到的影像、聽到的聲音及訊息，都會在不知不覺中帶來很大的影響。而「自己」，就是過濾視覺訊息及聽覺訊息進入潛意識的守門員。如果不加以防備，不安及恐懼就會在不知不覺中進入潛意識。一定要善盡守門員的職責。

年　　月　　日

檢查自己的笑容。

試著對鏡子微笑，嘴角往上揚。

就算心情不好，但只要將嘴角上揚、露出微笑，大腦就會接收到肌肉的訊號，將這個訊號理解成「開心」，並分泌幸福荷爾蒙。不是因為開心所以笑，而是因為笑所以開心。現在就拿起鏡子，檢查一下自己的笑容吧。

144

年　月　日

利用空間轉換心情。

在一個可以放鬆心情的地方，

度過快樂的時間。

很多方法可以轉換心情，其中一個簡單的方法就是轉換場所。想想看，哪些地方光是待在那裡就覺得很舒適呢？或許不是家裡，可能是海邊的咖啡廳或飯店大廳。平常多加留意，為自己列出喜愛的空間清單吧。下次沒有靈感或是心情沮喪的時候，就可以馬上到那裡轉換心情。

145

年　月　日

來自陽光的恩惠。
攤開雙手，
盡情沐浴在清晨陽光的能量之中。

沐浴在陽光中，會促進腦內神經傳導物質血清素的分泌。血清素被稱為幸福荷爾蒙，能帶來好心情。早上起床後，不妨閉上眼睛感受一下陽光及能量。深呼吸的同時，享受陽光照射在身上的感覺。當你再度睜開雙眼，或許就會感覺眼前的景色變得閃閃動人。

146

年　　月　　日

生命的傳承。
重新思考生命的傳承。
因為母親生下我，才有我的存在。

有些孩子擁有胎內記憶，甚至更久之前的記憶。日本知名婦產科醫師池川明，在臨床上收集了許多不同的胎內記憶，他說：「生命可以從靈魂世界的窗口往外看，決定自己要選擇哪一個媽媽之後，再『咻』地一下飛進去，接著被生出來。」如果沒有母親這個角色幫助我們誕生在地球上，也不會有現在的自己。

147

年　月　日

帶給他人快樂也是一種幸福。

送了一份小禮物給

平常照顧自己的人。

一項關於幸福的研究結果指出，把錢花在別人身上的幸福感，遠高於花在自己身上。一般人或許會認為把錢花在自己身上，或是花較多錢感覺比較幸福，事實並非如此。找機會分送小禮物給身邊的朋友吧。

148

年　月　日

正念的簡單體驗。

發揮五感，細細品味自己最喜歡的飲品。

今天請準備一杯自己最喜愛的飲品，將專注力放在眼前這個當下，進行一次正念體驗。假如你準備的是咖啡，可以想像沖煮咖啡時的聲音、撲鼻的香氣、杯子的熱度、喝下一口的味道、通過喉嚨的感覺等。不要分心做其他事，將全部的精神貫注在品嘗咖啡這件事上，將感到更多的富足。

149

年　月　日

正因為和別人不一樣才棒。
變得沒那麼愛和別人比較。

日文稱「自己」為「自分」，其中「自」是神明，「分」則是給予。也就是
說，神明將自己分給了80億人，也就是我們人類。人過完短暫的一生、有了
各種體驗之後，再將這些經驗帶回神的領域（宇宙）。如果真是這樣的話，
那麼對神明（宇宙）來說，每個人都不一樣應該比較好。

150

年　月　日

每個人都是拼圖中的一小片。

覺察到每一片拼片都有

獨特的形狀，才能構成拼圖。

大多數人都認為別人比自己優秀，或是會羨慕別人、想變得跟誰一樣。身為整幅拼圖中的一小片拼圖，一旦改變形狀，隔壁的拼圖也必須跟著改變。每個人都不一樣，維持自己的形狀最棒。

「你真是怪人」，其實是稱讚的話。

察覺「怪」的地方

正是自己獨特的地方。

猜拳的時候，如果10個人先說好都出布，後來加入的第11個人出了剪刀，就會贏所有人。但如果10個人各出各的，就會有人平手、有人猜輸、有人猜贏。和別人不同的真正意義，其實是人類生存中不可或缺的。各位大可抬頭挺胸、拿出自信來。

152

年　月　日

討厭也是喜歡的一種。
察覺會批評或責備我的人，
其實是因為對我感興趣。

愛的相反不是恨，而是漠不關心。只要是人，受到批評、責備的時候，都會
受傷、憤怒或悲傷。下次不妨換個角度，以從容的態度告訴自己：「那個人
一定是對我有興趣，他一定很羨慕我。」說不定就能改變對他人的看法。

153

年　月　日

一輩子都很年輕。
今天永遠是餘生中的第一天，
也是最年輕的一天。

每天早上睜開雙眼，新的一天又來臨，而每個今天，都是餘生中最年輕的一天。直到死，都是如此。如果你能了解每天都是餘生中最年輕的一天、最有可塑性的一天，不覺得好像可以做些什麼嗎？充分運用每個今天吧。

154

「做了後悔」和「後悔沒做」。

告訴自己，不要在乎結果，做就對了。

「後悔沒做」是未知的世界：「當初如果做的話，不知道會怎麼樣？」這個沒有答案的想法會越來越大，無法從腦海中抹去。「做了後悔」則是已知的世界：有了結果就可以有下個動作或進行改善。為了避免後悔沒做的遺憾，想想自己可以怎麼做。

155

年　月　日

「從現在起」勝過「為時已晚」。

決定把以前覺得為時已晚的事，

拿出來重新做一遍。

任何事都沒有太遲的一天。「現在沒辦法」「為時已晚」「都過了這麼久不可能」等，都是自以為是的想法。不妨換個念頭告訴自己：「現在做也來得及」「現在開始也不遲」「從現在開始試試看」。將「為時已晚」轉換為「從現在起」。無論任何時候，可能性都將無限擴展。

檢視卡 ⑤

回顧過去 31 天的書寫內容。
回答以下的問題，想寫什麼都可以。

已經實現的事情。
越來越接近完成的事情。

用一句話稱讚自己。

恭喜完成
Congratulations

寫下發現了什麼。

以「好心情」為題，
用預言的方式寫下
希望一個月後發生什麼事。

心情好的時間比心情不好的時間
多更多，太感謝了。

156

年　月　日

對我而言最珍貴的體驗。

相信人生中的一切都是

一切都是必要的、必然的、最好的。

身陷人生中的波濤洶湧時，你只顧得了眼前。等到事過境遷，從容回顧才發現，如果沒有當時體悟到的想法、學到的技術和體驗，不會有現在的自己。無論身處困境之中或好事連連，都要試著解讀為：所有的一切對我們而言都是必要、也是必定會發生的，是最好的安排。

157

年　月　日

靜心比積極自信更重要。
為自己保留安靜的獨處時間。

勉強自己正向思考，反而會感到壓力，更好的辦法是讓心沉澱下來。當你察覺到內心的能量，自然就會產生療癒力、調節力、直覺、想像力、創造力、更高層次的視野等。就算只有短暫數分鐘也沒關係，請各位閉上眼睛，仔細聆聽自己的心。

158

年　月　日

打鐵要趁熱。

察覺行動的時機點也有最佳時機。

突然想到什麼事情，或接收到這個想法的時候，就是採取行動的最佳時機。要盡可能在大腦開始思考、想法跳出來搗亂之前，就採取行動。即使只是寄出一封郵件這麼小的動作也沒關係。抓住這種感覺之後，就會發現思想成為現實的速度越來越快。

159

年　月　日

種下許多夢想的種子。
在心中撒下許多夢想的種子，
就像在庭園裡種下花朵的種子。

有很多想要的東西，就儘管許願吧。因為過度集中在同件事，容易變得執著。就像播種一樣，想要各種顏色的花，就要在院子裡撒下不同的種子。過一陣子，就會在無意間發現好多種子都冒出芽來了。夢想的種子也是一樣。不需要思考太多，儘管在心中撒下各種種子吧。

年　月　日

未來日記裡所寫的內容已經實現。
過了很久之後突然發現，
願望在不知不覺中實現。

設計這本未來日記時，我們希望各位寫完就忘記自己寫了什麼，不要時常確認之前的內容。等過陣子再回去重讀，一個月大約一次就好。到時你會很驚訝地發現：「咦？這件事情已經實現了耶！？」尤其是快要忘記的內容，因為沒有太多執著，反而越容易實現。

161

年　　月　　日

向上看。
試著抬頭眺望遠方的天空。

遇到困難的時候，試著將腦海的視野放高一點。從一樓看出去的風景，和十五樓看出去的風景完全不同。站在一樓的時候看不見海，但站上十五樓說不定就看見了。就算現在看不到解決方法，試著將視野拉高，說不定就能看到。

162

年　月　日

三成打擊率就能立大功。

七成的失敗可以靠三成的成功彌補。

一般人通常會注意別人的成功體驗，而忽略失敗體驗。人不需要追求完美。
一切的順利都是立基於過去的各種不順利經驗。請告訴自己，即使剛開始不
順利也是理所當然，就算之後遭遇失敗，也不會太過沮喪。

163

年　月　日

太陽會再升起。
告訴自己總有天亮的時候。

每個人都會經歷痛苦，也會讓人產生「現在這個問題可能會一直存在……」的想法，但事實上並非如此。俗話說，黎明前的夜晚最黑暗，現在非常痛苦，就表示天快亮了，正是即將大放光明的預兆。不管夜再長，天一定會亮！

164

年　月　日

客套話也是一種稱讚。

欣然接受並感謝別人的讚美。

心裡不這麼想，就說不出這樣的話。也就是說，當別人客套稱讚我們的時候，其實或多或少是看到了我們的優點。不管別人如何客套，我們可以自己決定用怎樣的心態接受。當然也可以將「又在說客套話了」，想成「又被稱讚了」。你會如何選擇呢？

165

年　　月　　日

腳踏雙船反得三船。

開始覺得貪心好像也不錯。

俗話說「腳踏雙船兩頭空」，意思是指想同時把兩件事做好，反倒兩邊不討好。以效率的角度來看，確實是這樣沒錯，但如果解讀成「不會成功」「不能同時間做兩件事」，卻是大錯特錯。因為各種想法會促使我們收集更多情報、拓展更大的可能性，因此大可不為自己設限。

166

年　月　日

亂槍打鳥，多打幾次也會中。

無論如何，多試就對了。

《思考致富》的作者拿破崙・希爾，曾經對三萬人做過一項調查，發現幾乎所有人都在失敗一次之後受挫。也就是說，最後獲得成功的人，必須經過許多挑戰。不妨抱持「多做幾次，慢慢就能成功！」這種輕鬆的心態，多試幾次就對了。

167

年　月　日

言語也具有生命。
使用比平常更優美、恭謙的
用字遣詞。

肉眼看不見聲音，但發自內心的想法卻能確實傳達給對方。如果肉眼看得見言語，你的言語會是怎樣的姿態呢？是溫暖？冷淡？輕飄飄？沉甸甸？給人溫暖包覆的感受？還是有如刀刃一般？別忘了言語的型態就是另一個你，記得慎選言詞。

168

年　月　日

練習想像凡事都有好結果。

決定每天空出時間，

想像期望的世界。

對一般人來說，比較容易想像不希望發生的事情，例如「如果月底錢不夠用怎麼辦？」但月底根本還沒到，就算還有很長的時間，卻一直想像不好的事發生，這樣真的很沒意思！應該怎麼做呢？首先快速思考一下最糟糕的狀況，接著在每天日常生活中，不斷想像符合自己期望的結果即可。

169

年　月　日

察覺我的口頭禪。
問問身邊的人，自己有沒有口頭禪，
因此有了意外的發現。

許多習慣是自己很難發現的。所以人往往知道親朋好友的口頭禪，卻無法察覺自己的。口頭禪是經年累月掛在嘴邊、對自己發出的訊息。各位不妨重新審視一下自己持續對自己發出了什麼訊息。

170

年　月　日

為持續努力。
思考如何讓每天的例行工作
變得更有趣。

有研究指出，如果事先設定好達成目標時要和誰一起慶祝，就更容易堅持到
最後。除此之外，結交可以互相分享心得的朋友、剪貼各種理想形象的照片
等，多下點工夫，就能離目標更近。

171

年　月　日

深呼吸是最簡單的放鬆方法。閉上雙眼，慢慢深呼吸。

感覺著急、焦躁、靜不下心的時候，呼吸會在不知不覺中變得很淺。這時，請閉上雙眼，將專注力放在身體感受，慢慢開始深呼吸，感受空氣進入身體內部，再盡可能地慢慢吐氣。這麼做效果非常好，各位不妨試試。

172

年　月　日

微笑時間。
看了讓我忍不住微笑的影片，
十分放鬆。

忍不住微笑的時候，內心會呈現非常穩定的最佳狀態。哪些影片會讓你忍不住微笑呢？是動物的影片？還是小嬰兒的影片？留意一下什麼樣的影片能讓自己放鬆心情，營造出更多微笑的放鬆時間。

173

年　月　日

心與身體的連動。
心情低落的時候，動一動身體就好。

情緒、感情的英文為emotion，其中motion為動作、運動的意思。也就是說，只要運動身體，就能輕鬆改變情緒。應該沒有人可以啦啦啦地哼著歌、邊跑邊跳的同時覺得心情沮喪吧。不論是拉筋或是散步都好，一些簡單的動作就能轉換情緒。

174

正念飲食。

將螢幕關掉，

以舒緩、放鬆的心情享受餐點。

正念是將所有意識專注於「眼前當下」的練習。現代人的生活十分忙碌，但還是請各位戒掉一邊吃飯，一邊做事的習慣。好好享受食物的香氣與味道，仔細擺盤，用心感覺食物進入喉嚨的感覺，盡情讓感官發揮最大功效，說不定會有更多新發現。

175

年　月　日

花錢也買不到的富足。
問問自己，有哪些重要的東西
是花錢也買不到的。

很多人經常把富足與金錢畫上等號，因此會套用這個公式引導出「沒有錢就無法富足」的想法。對你而言，什麼是花錢也買不到的富足呢？把想到的都寫下來，幫助自己發現已經擁有的富足。

年　月　日

不花錢的禮物。

想想看今天可以在不須多花錢的狀況下，讓什麼人展露笑容。

想送人禮物，也可以不花錢買東西。因為你想送的不是某樣東西，而是心意。或許是自己家院子裡種的花、與朋友分享收到的禮物，或是由衷的一句「謝謝」。想想看，有沒有什麼不須多花錢的禮物，可以表現你對朋友的心意呢？

177

年　月　日

來自大自然的恩惠。
感謝自己能生活於美麗的地球。

地球上有海洋，大氣才得以維持。從生命的起源開始到現在，太陽持續照射的恩惠，與保護地球不受太陽風影響的地磁，再加上月球的引力，為地球帶來了剛剛好的白晝和黑夜。在自然生態豐富且美麗的地球上，我們以幾近奇蹟的極低機率誕生、並生存於此。我們必須守護這個奇蹟，時時心存感激。

178

年　月　日

沒有任何行程的富足。
沒有安排行程的日子，
代表我擁有自由與從容的富足。

沒有安排任何行程、無事可做的時候，你是否會受到既定觀念的影響，總覺得不做些什麼不行而坐立難安？沒有安排任何行程的時候，既沒有約會，也沒有特別要做什麼。這時只須順從當時的心情，正是最高等級的富足。找個時間度過空白的一天吧。

179

年　月　日

自我評價以及他人給我的評價。
詢問親近的朋友，自己有什麼優點，
結果出乎意料。

自我評價的時候，你是否總是以專業領域的最高標準或聖人標準，為自己打分數呢？除非你追求的是該領域的最高水準，否則在外人眼裡都會覺得「可以做到這樣已經很好了」。偶爾聽聽他人的客觀分析，或許會讓人覺得心情輕鬆不少。

任性就是真實的我。
只做真實的自己，也很好。

180

年　月　日

任性是與他人意見或狀況相左時，以自己為中心，不顧他人感受、恣意妄為
的意思。但如果他人的意見、狀況和感受是不對的呢？說不定恣意妄為正好
是解決眼前問題的最佳切入點。顧慮他人感受固然重要，但也別忘了善待恣
意妄為的自己。

181

追求唯一，而非第一。
察覺這世界上只有一個
獨一無二的我。

如同暢銷歌曲《世界上唯一的花》（編按：SMAP知名歌曲）歌詞所說，花朵並不需
要爭奪哪一個最漂亮、哪一種最好。不管是玫瑰、蒲公英或向日葵，只要盡
情盛開出自己的樣子就好。人也一樣，世界上只有一個唯一的我，記得好好
珍惜這樣的自己。

年　　月　　日

夢捎來的訊息。
與夢中出現的人取得聯絡，
有了意外的展開。

過世的朋友出現在夢中，好像想說什麼，好想問她「怎麼了？」於是我聯絡
對方的父母，也去給她上了香。幾年後，路上偶然遇見的男孩突然對我說：
「我媽媽過世了。」讓我驚訝得說不出話。向男孩詢問媽媽的名字才知道，
男孩正是過世朋友的孩子。於是我和男孩分享了他媽媽小時候的故事。

183

年　月　日

感覺哪裡不對勁，也是一種訊息。

細微的感覺讓我察覺到正確的事。

內心隱約產生怪怪的感覺時，要正視這種訊號。這種感覺非常微弱，一不小心就會錯過。不對勁，是一種還未認真思考、未轉化為語言之前的重要訊息，以感覺傳遞到我們心中。感覺不對勁的時候，請記得暫時停下腳步。

184

年　　月　　日

身體就是感應器。

用心感受身體要告訴我們什麼。

身體持續向我們傳遞各種重要的訊息。相信大家都曾有過心臟怦怦跳、胃被束緊、起雞皮疙瘩等身體反應。有時大腦和身體的反應不一致，例如「明明不難過，不知道為什麼眼淚一直流」，像這種時候，通常身體的反應才是正確的。身體不會騙人。

185

年　　月　　日

拒絕的勇氣。

開始懂得如何拒絕提不起勁的邀約。

總覺得提不起勁，就是大腦無法理解、透過身體傳遞給我們的訊息。之後大腦或許還會冒出「拒絕的話會給對方添麻煩」「拒絕的話對方會怎麼想？」的想法，但重要的不是對方怎麼想，應該優先考慮的是自己的感受。自己怎麼想才是最重要的。

186

年　月　日

放手的勇氣。

放手後，獲得了更棒的東西。

面前放著一杯還沒喝完的冰咖啡，但現在想喝柳橙汁，也沒有別的杯子，你會怎麼做？①直接把柳橙汁倒進裝有咖啡的杯子。②將咖啡喝掉或倒掉，再倒入柳橙汁。③將咖啡倒掉，將杯子洗乾淨後再倒入柳橙汁。

檢視卡 ⑥

回顧過去 31 天的書寫內容。
回答以下的問題，想寫什麼都可以。

已經實現的事情。
越來越接近完成的事情。

用一句話稱讚自己。

恭喜完成
Congratulations

寫下發現了什麼。

以「健康」為題，
用預言的方式寫下
希望一個月後發生什麼事。
⋯⋯⋯ 例 ⋯⋯⋯
感覺能量從內部冒出，
充滿了整個身體。太棒了！

187

年　月　日

大方接受稱讚的人，
懂得如何接受別人的好。
被人稱讚時，懂得大方接受，
不再謙虛否認。

社會普遍有謙遜是美德的價值觀，所以大多數人被稱讚時，都會說「哪裡哪裡，我沒有這麼好」或是「還要再努力」。但其實這樣的反應，會將對方傳遞出來的稱讚與愛的能量擋在門外。下次獲得稱讚，感覺開心的時候，不妨大方、坦率地回答：「可以被你稱讚，我好開心。」

188

年　月　日

人生將如你所願。
不論好事或是壞事，
我們所想都已成真。

拿破崙‧希爾的暢銷書《思考致富》提到：「不斷重複自我暗示，最終都會成真。」這是千真萬確的。不管是你想要的、不想要的，一直思考的事就會變成現實。如果你整天擔心「要是○○該怎麼辦？」就算不希望○○發生，○○也會變成現實，因為你的腦子一直在想這件事。

189

年　月　日

英文差一個字，意思完全不同。

不再說「我沒辦法」，

而是「我不願意」。

拒絕他人的邀約時，很多人會說沒辦法，例如「因為～，所以沒辦法去」。沒辦法去的英文是I can't go，而不願意去則是I won't go。只要將「can't（沒辦法）」改成「won't（出於自身意志）」，就能將主導權拿回自己手上。

190

年　月　日

重複的威力。不斷重複，就像小時候背九九乘法表一樣。

藉由各種重複的動作，我們可以輕鬆學會很多事情。例如走路、寫字、騎單車等，都是經由反覆練習學會的。在往後的人生，請各位將這個能力發揮到極致。透過練習，很多事情不需經過大腦也能學會。想想自己想學會什麼？

191

年　月　日

意識創造現實。

思考自己平常關注哪些事情。

心理學家提摩西・威爾遜認為，短短一秒鐘內，會有高達1100萬個訊息透過感官進入我們體內，但大腦只能認知其中40個。在我們未能認知到的1099萬9960個訊息之中，或許就包含了對我們來說非常重要的訊息。因此，我們要專注於自己想看的東西，使其逐漸擴大，接著被大腦認知並察覺。

192

年　月　日

貪心的好處。

對自己說：

「有很多欲望是件很棒的事！」

你是否覺得想要太多東西是不對的？如果你對欲望這個詞抱持負面印象，不如轉個念頭將欲望想成「願望」。每個人誕生到世界上都希望能幸福，所以任何人都可以想要更多。請放下對欲望無止境的成見。

193

年　月　日

「有」的意識、「沒有」的意識。

以為自己沒有的東西，其實已經擁有。

看到杯子裡有半杯水，有人覺得「還有半杯」，有人覺得「只剩下半杯」。兩種想法都沒有錯。當我們想著自己沒有的事物，大腦就會努力找出沒有的東西；而當我們想著擁有的事物，大腦就會找出有的部分讓我們看見。改變專注的目標，看到的世界便大不相同。

194

年　月　日

優越感與自卑感。我知道這兩種感覺都出自與他人的比較。

優越感與自卑感是一體兩面。面對比自己差的人，我們會產生優越感，但這和真正的自信不同。因為只要面對比自己優秀的人，這種感覺馬上就會變成自卑感。產生優越感是一個很好的機會，讓我們察覺自己正在和他人比較。

船到橋頭自然直，

事情總是有辦法的。

決定不再思考那些擔心也沒用的事。

如果覺得自己很愛操心並希望有所改變，不妨嘗試以下方法：「如果這個問題可以解決，就沒什麼好操心的。如果這個問題根本無法解決，操心也沒有用。」也就是說，無論問題能不能解決，都不需要白操心。

196

年　月　日

寬以待己，也寬以待人。
開始懂得對自己更好。

對自己嚴格的人，通常會以更嚴格的標準看待他人，因此遇到好人才的機會
也跟著降低，最後只剩自己拚命。做到七成就好、評價不要太嚴苛，才容易
與人組成團隊。對自己也只要求七成，生理及心理才會更加自在而從容。對
自己好，才能對他人好，整個團隊才會成長。

197

年　月　日

跟處得來的朋友在一起。

花更多時間

專注於開心的時光。

人生短暫，生命有限。花時間在不喜歡的人身上、勉強自己和討厭的人相處，簡直是浪費生命。請大家不要再這麼做了。仔細想想，你希望自己與什麼樣的人共度時光？

198

年　月　日

在睡覺的同時獲得成功。
睡前在腦海裡描繪最棒、
最開心的畫面。

當意識不太有作用、放空的時候，很適合將想像帶入潛意識之中，最佳時機就是睡覺前。像是「我可能做不好」這種會擾亂心思的想法，在我們睡著的時候是起不了作用的。建議大家在睡覺前多想開心的事、希望實現的願望，或是希望獲得哪方面的訊息。

199

年　月　日

以全新的挑戰活化大腦。
想想看有沒有什麼事情是
一直想做，但還沒嘗試的。

專家眼中的超級記憶老人（super ager），擁有和年輕人相同的記憶力。這些人具有好奇心，願意嘗試新事物、持續挑戰高於自身能力的新事物。因此即使一般人的腦細胞在30多歲後就會停止成長，這些人的大腦卻還是繼續活化並成長。記得對新事物抱持好奇，就算是小事也無妨。

200

年　月　日

口頭禪創造人生。

決定增加新的口頭禪，

使其成為習慣，為人生加分。

幾乎人人都不會察覺自己的口頭禪。每天早上你是否會在不知不覺中對家人叨念：「快遲到了」「有沒有忘記什麼？」研究發現，許多無心的話語，都會對日後的想法或行動產生一定的影響。從現在開始，試著換個說法，將「遲到」改成「時間不要逼得太緊」，將「忘記」改為「記得都要帶」。

需要為發明之母。

迫於需要而學會了之前一直不擅長的事。

面對不擅長的事物，大家都想盡量避開。即使一直很想學某件事，但只要潛意識覺得自己不擅長，就不會產生試著做做看的念頭。但如果是迫於需求非做不可的話，就算心不甘、情不願，還是得學。開始做了之後，會發現不如想像中困難，甚至還可能找到做得更好的方法。

202

年　　月　　日

過去是化石。
決定專注於現在，而非過去。

「現在」在下個瞬間就會成為過去。只專注於過去，就無法發揮現在的可能性。專注於現在並充實度過每一刻，下一秒變成過去的記憶也將更豐富。永遠活在現在，別再回頭看了。活在當下，過去和未來就會有更多新鮮的變化。

203

年　月　日

每日一笑。

知道自己的笑點是什麼。

每個人都有心情沮喪、難過的時候。平時就先找出自己看了會笑的東西，像是搞笑節目、有趣的照片或動畫等。狀態不好的時候，看著這些東西就能笑出來，隨時從不好的情緒中跳脫出來。

204

年　月　日

越是忙碌，就越需要放鬆。
好好休息放鬆一陣子，
效率就會變好。

累積太多代辦事項的時候，常會讓人覺得休息很浪費時間。「忙」這個字是由「心」和「亡」組成，也就是你的心此刻不在這裡的狀態。當你有了「我很忙，快快快！」的念頭時，先停下來深呼吸、暫時休息一下。改變心情之後，效率也會變好。

205

年　月　日

買自己最喜歡的花做裝飾。

享受小小的奢侈。

我們經常買東西送朋友，卻很少送禮物給自己。今天就給自己一點獎勵吧。
將「這樣好像有點浪費」，轉換為「謝謝我為自己努力」，帶著感謝的心情
送自己一份禮物。因為這世界上最重要的存在，就是自己。

206

年　月　日

輕鬆轉換心情的方法。
哼著歌小跳步，
發現心情變得不一樣了。

我們不會同時感受快樂和悲傷的情緒。心情不好的時候，有一個簡單的方法
可以馬上轉換心情，那就是活動身體。大聲唱著喜歡的歌曲、一邊小跳步，
越是不想這麼做的時候越有效。短短幾分鐘就能順利轉換心情。

年　　月　　日

尋找謝謝的遊戲。
帶著玩遊戲的心情，
細數值得感謝的事。

尋找謝謝遊戲有各種不同版本，初級版是「得到一點什麼就謝謝」，像是收到禮物的時候、被人親切對待的時候。中級版是「沒有得到任何東西也謝謝」，就算沒有發生什麼特別的事情，也對理所當然的事情表示感謝，例如太陽每天早上升起、有食物可以享用、擁有方便的智慧型手機等。

208

年　　月　　日

「託你的福」是神奇的一句話。

把這句話寫下來，

送給平常對自己好的人。

請大家製作一本回顧過去一整年的「託你的福」筆記。可以是新認識的朋友、幫助過自己的人，或是一起做了有趣的事的人。寫完之後，會知道原來受這麼多人照顧，才造就了現在的自己，自然會湧起感謝之情。非常推薦大家一試。

209

年　月　日

富足空間的模擬體驗。

到某個可以感受富足的空間，

感受一下現場的氣氛。

每個人都有自己覺得舒適的地方。身處於「不像自己」的空間時，就會覺得渾身不自在。如果你嚮往優雅、富足的生活，不妨到自己平常不會去的高級飯店走走，或許會有些不自在，但可以試著讓自己習慣這樣的空間。只要大腦認知到「這個場合對我來說理所當然」，人生就能自然地經歷這種富足。

210

年　　月　　日

用眼睛享受餐點。
比平常更用心為食物盛盤。

享受美食的時候，我們的五官會充分發揮作用，除了味覺之外，還會感受到像是「熱騰騰吱吱作響」（聽覺）、「脆脆的」（觸覺）、「好香喔」（嗅覺）、「看起來好好吃」（視覺）等感受。五種感受中，據說又以視覺最能讓人感到美味，味覺反而排在最後。不妨在顏色和餐具上下點工夫吧。

年　月　日

無償為我們勞動的身體。

感謝所有器官，

在我們不發號施令的狀態下，

也二十四小時地持續工作。

千萬不要在失去健康之後，才了解健康的可貴。喝太多、吃太多、運動不足、睡眠不足、累積過多壓力等，都有損健康。我們的身體每天24小時不停工作，卻得到這樣的待遇，真是太對不起它了。我決定從此吃飯八分飽、飲酒適量、足量的運動與睡眠、不過分勉強自己。謝謝你，我的身體！

212

年　月　日

尖尖的也很好。

我了解如果每片拼圖都是圓的，

就無法完成整幅拼圖。

你玩過拼圖嗎？沒有一片拼片是圓形的，否則根本沒辦法順利和其他拼片靠在一起。正因為有凹有凸，才能拼成完整的一幅畫。人也一樣，不需要那麼圓融沒關係。失去稜角，也就失去了個性。

213

年　月　日

被討厭的勇氣。

坦率地表現自我，不受歡迎也無妨。

死前後悔沒做的五件事，其中一項就是後悔當初沒有勇氣表達自己的感受。表達自己真正的感受是需要勇氣的。比起不受歡迎，更容易讓人後悔的是無法坦率地面對自己。讓我們選擇誠實地活著，勇敢面對自己的心。

214

年　月　日

享受喜怒哀樂。

用心體會各種不同的情緒。

情緒不能一分為二，沒有好壞之分。喜和樂不一定是好的，怒和哀也不一定是壞的。如果我們老是壓抑某種情緒，不停告訴自己不可以有這種感覺，其他的情緒也會變得遲鈍。不論哪種情緒，都值得我們好好珍惜。

215

年　月　日

連我都沒察覺的才華。
不要把自己的好視為理所當然，
察覺那些被我忽略的優點。

一般人很難用客觀的角度審視自己。有些事在自己眼中理所當然，但對他人來說或許是了不起的優點。找時間詢問親近的家人或朋友：「你覺得我的優點是什麼？」或許會得到許多意想不到的答案。

216

年　月　日

夢的啟示。
與出現在夢中的人取得聯絡，
有了意外而有趣的展開。

據說人可察覺的顯意識約占5%，無法察覺的潛意識約占95%。夢境屬於潛意識的一部分。有些夢會記得非常清楚，也有些夢非常特別，有種非常真實的感覺，或許這些夢都包含著重要的訊息。

217

年　月　日

直覺是種微弱的耳語。

把心沉澱下來，

似乎就能抓住直覺。

直覺或靈感的聲音都非常微弱，不像被雷打到那麼強烈。如果電子信箱塞滿垃圾郵件，就很可能錯過重要信件。當腦子裡塞滿東西時，就無法感受到這種微弱的感覺。其實每個人隨時都在接收直覺，端看自己是否能夠察覺。

檢視卡 ⑦

回顧過去 31 天的書寫內容。
回答以下的問題,想寫什麼都可以。

已經實現的事情。
越來越接近完成的事情。

用一句話稱讚自己。

恭喜完成
Congratulations

寫下發現了什麼。

以「養成新習慣」為題,
用預言的方式寫下
希望一個月後發生什麼事。

養成早上起床後沐浴於
陽光之中的習慣。真是太棒了!

最好的時機發生。
我知道所有事情都是在
遲來也是上天的安排。

事情無法按照計畫，會讓人感到焦躁。但有些事情不能照自己所想，或許是因為其他時機比現在更適合。此時不妨放寬心，稍安勿躁。撒下許多種子之後，每一種花開的時間都不一樣。願望或想法總會在最好的時機開花結果。

219

年　　月　　日

期望的世界與不符期望的世界。

花更多時間想像符合期望的世界。

很多人常說「如果～的話怎麼辦」，其實這是因為太過專注於不符期望的世界。一旦將專注力集中於不符期望的世界，這樣的想像就會成為現實。所以我們不應該說「生病的話怎麼辦？」，應該說「要一直健康有精神」，盡量選擇與期望的世界有關的說話與思考方式。

言語具有靈魂。
試著努力將自己的想法
傳達給他人。

日文中有「言靈」的說法，意指我們說出來的話具有不可忽視的力量。脫口
而出的謝謝，和發自肺腑的謝謝，不管是聲音的語調或節奏都大不相同。同
樣一句話，心態不同，給對方的感覺也就不同。

221

年　月　日

有意識地選擇話語。
開始選擇使用比平常
更加優美、恭謙的言語。

無意識說出口的話，和再三斟酌說出口的話，會影響之後的現實。請大家先
嘗試平常說話時，刻意選擇優美的詞彙，會發現給人的印象完全不同。不但
別人對我們的態度會改變，這些話語也會自然成為我們的一部分，於是品味
跟著提升，行為舉止也會不同。

222

年　月　日

寫下未來的自我介紹。

想像人生完全如己所願，

並寫下自我介紹。

現在請你放鬆心情，想像自己正過著最棒的生活。你住在怎麼樣的地方？從事什麼工作？放假的時候做些什麼？和什麼樣的人一起生活？心情如何？描述得越仔細越好，接著以這樣的狀態寫一篇自我介紹。視覺化大腦想的抽象內容，將大幅提升實現的可能。

241

223

年　月　日

話語的力量。

試著藉由改變話語來改變思考。

平時不自覺使用的話語，正無意識地控制了我們的思想與行動。改變思想最快、最有效率的方法，正是改變使用的話語。把「如果下雨怎麼辦？」換成「放晴的話不知道會有多開心」，下一秒你所想的事就會跟著不同。話語正在創造你的人生。

肯定句的力量。

以「我希望」的句型書寫。

潛意識和網路搜尋引擎很像，無法判別句子的是或否。不管你輸入「想吃中式餐點」或是「不想吃中式餐點」，搜尋到的内容都是「中式餐點」。如果你在潛意識想著「不希望○○」，結果就是會引來「○○」。所以練習的時候要使用肯定句，例如「我希望 / 我想 / 我要□□」。

225

年　月　日

人都是多面體。
從不同角度觀察別人，
看見了這個人的不同樣貌。

多面體的特色，就是從不同角度看上去的形狀都不一樣。例如四角錐體的埃及吉薩金字塔，從側面看是三角形，從正上方看是正方形。人也一樣有不同的面相，從不同角度會看到不同的樣貌。例如在公司難搞的上司，在家裡或許是個好爸爸。

226

年　月　日

任何經驗都是人生中的話題。

沒想到自己的失敗經驗

居然能幫助到其他人。

我的人生過得波濤洶湧，簡直就像活過三次。升學、選社團、家庭、人際關係、另一半、工作、育兒、財產、看護，都是一連串的失敗。也因為這樣，當別人尋求意見時，我幾乎都有經驗。現在我把一切發生的事情稱為「話題」，可以笑笑帶過的話題。真是賺到了！

227

年　月　日

「好！」的魔力。
重新接受以前拒絕過的邀約，
沒想到出乎意料地有趣。

各位有沒有看過金凱瑞主演的電影《沒問題先生》？男主角的工作和生活都
不如意，於是參加了一套課程，講師要求他必須對每個機會說「YES」，沒
想到人生從此有了180度的轉變。答應他人提出的請求，不但對方開心，自己
也可以因此積德，說不定真的能讓人生變好喔！

246

228

年　　月　　日

成為稱讚自己的專家。

每天不斷告訴自己：

「我真是天才！」

有兩位醫生，一位醫生說：「我很平凡，也沒什麼把握，但是你的病就交給我吧。」另一位醫生說：「我是天才，非常有把握，你的病就放心交給我吧。」你會找哪位醫生開刀呢？即使兩位醫生的技術在同一水準，給人的感覺卻完全不同。只要一直告訴自己「我是天才」，意識就會到達天才的領域，順利完成工作，也能因此獲得他人的信賴。

229

年　月　日

活用右腦與左腦。

同時運用圖像與文字，

描繪出未來的夢想。

人的右腦主管圖像，而使用文字、語言、理論思考的部分，則由左腦負責。
描繪夢想時，同時使用右腦和左腦效果最好。請各位找一張最接近理想人生
樣貌的照片或圖像，並加上能在心底產生共鳴的文字或句子吧。

230

年　月　日

善用大腦的錯覺。
如果大腦分不出想像與現實，
該想像什麼好呢？

我們的大腦其實無法分辨哪些是實際發生的事、哪些是想像中的事。當我們想像「嘴巴塞滿梅子（或檸檬）」，就會分泌唾液。即使夢想尚未實現，只要我們想像得夠生動，大腦就會產生錯覺，進而改變情緒與想法，開始朝著實現的方向改變。有時不妨騙騙自己的大腦。

231

年　月　日

預祝，也就是預知並事先祝福。

想像自己已經實現夢想，

開心與親友乾杯的畫面。

「預祝」，顧名思義就是提前慶祝的意思。為了祈求豐收，日本自古以來就會在稻米收成之前舉辦賞花活動：在盛開的櫻花樹下，將滿開的櫻花想成稻米，想像稻米豐收的畫面，提前感受喜悅。這完全是一種預知。各位可以練習想像夢想實現的那一刻，並與親友提前慶祝，享受這種喜悅。

232

年　月　日

取悅人的幸福。

試著為人做一件小事，

得到對方的「謝謝」。

許多研究證實，利他行為能提升幸福感。有研究指出，把錢花在別人身上，將比花在自己身上更能感覺幸福。但其實不須多花費金錢，只要讓某個人開心，自己也會感覺幸福。

233

年　月　日

從焦急中逃離。
發現自己處於心急狀態，
於是停下手邊的動作，
用力深呼吸讓自己放鬆。

心急的時候，正是脫離自己軸心的時候。再怎麼沒時間、事情再多，只要能專注於當下，就不會產生焦急的情緒。發現自己處於焦急情緒的時候，可以多做幾次深呼吸，告訴自己沒關係、沒關係，專注於眼前此刻就好。

234

年　月　日

精心挑選讓自己心情變好的東西。

決定減少物品的數量，

使用質感好的東西並善加珍惜。

請各位檢查一下自己的衣櫥。很多人把衣櫃塞得很滿，但常穿的大概就是那幾件吧？不只衣服，像是鞋子、文具、餐具等物品也一樣。現在就進行淘汰，留下真心喜歡的，其他的放手吧。這樣不但可以讓心情和空間變得清爽，腦筋也會變得更清晰。

235

年　　月　　日

預知富足。
偶爾奢侈一下，
做一些超過自己經濟實力的事。

有個方法可以幫助自己達到經濟上的富足，那就是讓大腦以為富足是理所當然的，例如進行前所未有的富足、奢侈體驗。因為我們的五感會將過程中感受到的富足傳遞給大腦。有機會的話，你想體驗怎樣的奢侈呢？

年　月　日

尋找「免費提供」的遊戲。

寫出三項不需要付出金錢

就能盡情使用的東西。

引力、空氣、地磁、太陽、風、雨、時間⋯⋯這些與我們生命息息相關、不可或缺的東西，居然都是免費的。生活在地球上，就接收了如此多的富足。現在不妨拿起筆，寫下三件不花錢就做得到的事，作為給地球的回禮吧。例如「不浪費時間」「早晚都帶著感恩的心看看太陽」「不再抱怨下雨，為下雨而開心」等。

237

年　月　日

富足的循環。

小額捐款，獲得了幸福的感受。

富足的循環就像呼吸一樣，有進也有出、有出又有進。付出過什麼，將來都會回到自己身上。重點在於捐出去的金額，可以讓你發自內心感覺沒有負擔而愉快。不妨從便利商店的小額捐款做起，親自體驗一下愉快付出的感覺。

年　月　日

錢是流動的。
從某個沒想過的地方
獲得臨時收入。

貨幣的英文為currency，這個字同時也有流通的意思。金錢是流動的，就算
現在不在你手上，也會在某個地方流通。認真工作以換取薪水，並不是賺錢
的唯一方法，只要告訴自己金錢有可能從超乎意料之外的地方流到我這邊，
就更容易使這種狀況成為事實。

239

年　　月　　日

這世界上你最想讓誰幸福？
首先從自己變得幸福做起。

如果你想讓某人幸福，首先必須從自己做起。如果無法先滿足自己的話，是無法使人幸福的。處於不滿足狀態的時候，就算想付出也沒有能力，只會因此感覺痛苦。想像你的心是一個杯子，首先必須裝滿自己的杯子，多出來的才能分給別人。

240

年　　月　　日

正面思考和負面思考。

我知道兩者都非常重要，

沒有誰好誰壞。

大部分人都會覺得正面思考比負面思考好，其實並非如此。樂觀主義者和悲觀主義者都對社會有所貢獻。就像蕭伯納的名言：「樂觀主義者發明飛機，悲觀主義者發明了降落傘。」兩者缺一不可。

241

年　月　日

失望是對自己的期待。

以為自己可以辦到，

所以才會失望。

對自己感到失望時，應該高興才對。感覺失望，表示自己設定的基準過高。正因為以為自己辦得到，所以才會失望。如果一開始就覺得自己辦不到的話，就算沒成功，也不會感覺失望。請誠實面對自己，你知道自己辦得到。

242

年　　月　　日

過去是可以改變的。
過去的記憶提醒我們
當下就在眼前。

人都是站在現在這個點，回想過去。歷經撕心裂肺的失戀之後，如果一直走不出來，就會懷恨在心。如果失戀後交到一個很棒的對象，現在過得很幸福，就會想「還好當時他甩了我」。過去的記憶好或不好，都是根據現在自己的狀態而定。

243

年　月　日

他人的魅力就是自己的魅力。

看到他人內在的魅力，

代表我也擁有一樣的魅力。

人往往只能認知到自己內在的東西。例如有些人很喜歡某位搞笑藝人，被問到喜歡藝人的什麼地方時，總能說出各自的想法。例如：「因為他很好笑」「因為他很聰明」「因為他表裡如一」，或「因為他人很好」等。說得出這個人的優點，是因為你也有這些特點。

244

年　月　日

順從心底的聲音。
順從直覺，而非用腦袋思考，
得到了有趣的結果。

賈伯斯曾說過一句很有名的話：「順心而為（follow your heart）」。之所以不說follow your mind（頭腦），是因為賈伯斯深信，超越思考的直覺和內心的聲音更重要。思考來自顯意識，直覺則來自於潛意識，是個擁有龐大訊息量的儲藏庫。大家不妨多多練習順著直覺行事的習慣。

245

年　月　日

擴展你的觀點。

以前覺得絕對辦不到的事情，

開始覺得或許辦得到。

想想看，有哪些事情是你辦不到，但其他人都在做的呢？只要世界上有一個人做得到，你應該也可以。如果都還沒人做過的話，你就是創始者。是不是很棒呢？首先要告訴自己「或許我辦得到」。「絕對辦不到」這句話，就留到盡全力試過還是失敗再說吧。

246

年　月　日

將夢的內容詳實記錄下來。

做了超清晰的夢，

來自夢的留言。

之前我們家準備裝修房子時，怎麼樣都找不到權狀。有一天，我夢見祖母對我說：「權狀夾在曾祖母的照片後面。」說完祖母就消失了。後來母親在找過好幾次的抽屜裡，從鋪在抽屜的報紙下拿出一個信封，信封裡收著曾祖母的照片，照片下就是老家的權狀。

247 〇〇

年　　月　　日

直覺超越思考。
理解直覺不只是
突然冒出的一個念頭。

愛因斯坦說過：「我相信直覺和靈感的力量。因為很多時候就算不知道原因，我也確信那是正確的。」直覺能省略所有思考的程序，一口氣解決問題。在顯意識完全理解理論之前，潛意識就會將答案「咻！」地送到眼前，這就是直覺。

徹底放手。

選出一樣不再需要的東西，

放手的勇氣。

很多人經常會因為「丟掉太可惜了，捨不得丟」，而累積過多不需要的東西，使空間內的能量停滯不前，反而更可惜。從現在開始，每買一件東西就丟掉一件東西，這樣的頻率剛剛好。

檢視卡 ⑧

回顧過去 31 天的書寫內容。
回答以下的問題，想寫什麼都可以。

已經實現的事情。
越來越接近完成的事情。

用一句話稱讚自己。

恭喜完成
Congratulations

寫下發現了什麼。

以「自己的魅力」為題，
用預言的方式寫下
希望一個月後發生什麼事。
⋯⋯⋯ 例 ⋯⋯⋯
敞開心胸接受自己的優點與魅力，
真是太開心了！

249

年　月　日

相遇與離別。

與某件事物說再見之後，

就會遇見另一項新事物。

有相遇，就一定有離別。面對任何人事物，相遇與離別都是人生中無可避免的。本來非常重視的東西，總有一天還是會面臨不再需要的時刻。在最好的時機放手，未來一定會有新的相遇。

250

年　月　日

聚焦於意識。
想像自己正拿著放大鏡，
將意識聚焦於我所期望的人生。

人類的大腦會努力搜尋自己關注的事物。例如當你有了想買黃色車子的念頭，就會覺得路上的黃色車子變多了。這是因為大腦會自動搜尋並過濾出黃色車子。重點在於使用簡短的句子下指令。各位不妨開始學習對大腦下指令，將你想要的東西簡化為「〇〇！」簡潔有力的名詞。

年　月　日

下決定的正確判斷標準。

問自己想不想做，

而不是「不知道是否辦得到」。

很多人經常想做某件事，卻認為自己辦不到，最後放棄接受挑戰。既然是沒做過的事，不試試看怎麼知道是否辦得到呢？也說不定到時會遇到貴人的幫助。不妨先問問自己：「我想不想做這件事？」

252

年　　月　　日

傻笑練習。

在大腦中描繪實現願望時的場景，

想像自己已經成功並暗自傻笑。

不經意地傻笑，表示內心處於非常平靜、放鬆的狀態。在這樣的狀態，可以盡情想像自己未來想變成怎麼樣的人、過著怎麼樣的生活。放感情認真想像，想像的內容會更容易成真。當你一邊想像、一邊傻笑的時候，如果有人說「你在笑什麼啊，看起來好恐怖」，表示你已經成功了！

253

年　月　日

結束與開始。
一件事情的結束，
代表另一件事情的開始。

有些事情的結束，會讓人有點感傷、寂寞，特別是與人離別。但就像小學畢
業進入中學、冬天結束進入春天一樣，一件事情結束之後，必定會有其他事
情開始。不要光看結束，試著專注於開始，就會發現更棒的視野在眼前展
開。

254

年　月　日

狗急跳牆。
撐不下去的時候，
正是實力得以大大發揮的時候。

「狗急跳牆」指的是被逼到走投無路時，會無意識地發揮平常意想不到的實力。當你沒有多餘的時間和力氣思考有沒有辦法做到的時候，平常老是跳出來搗蛋的意識就會停止思考，讓我們得以發揮深藏不露的真正實力。這種實力，每個人都有。

年　月　日

忘記也是一項了不起的才華。

活在當下。

近期有研究指出，大腦會主動將不重要的記憶逐一銷毀。而我們之所以會忘記，也是因為大腦有效運作的結果。如果大腦將每件事牢牢記住，訊息量就會過於龐大，因此大腦只會選擇記住重要的訊息。所以有時候忘記某些事情，並不需要太在意。

256

年　月　日

變化隱藏著機會。
試著思考這個變化
將為我帶來什麼樣的機會？

產生變化的時候，許多事物也會一起變動。跟著流動，會比平常更容易產生變化。變化的英文是CHANGE，機會則是CHANCE，只差一個字母，差別在於G或是C。仔細觀察，是不是可以在G裡面看到C呢？沒錯，CHANCE就藏在CHANGE裡。

257

年　月　日

欲望是來自上天的禮物。

誠實面對自己的欲望，

心情輕鬆不少。

欲望並非壞事。不論是食欲、睡覺的欲望、性欲等，各種欲望可說是人一生中必要的基本能量。如果內心無法認同這種發自內心的欲望，就會陷入痛苦。不妨學著笑看自己的欲望：「原來我有這種欲望啊，這樣才是人嘛。」

258

年　月　日

尋找幸運遊戲。

問問自己：「今天也好幸運！

是怎樣的幸運呢？」

大腦會主動篩選我們真正關注的事情。當我們被問道：「為什麼睡過頭？」大腦會搜尋起不來的理由。如果是：「怎麼樣才能早起？」大腦就會為我們找出解決的方法。由此可知，必須有意識地向大腦提出好問題，這一點非常重要。

278

 259

年　月　日

言語與情緒。

使用的言語不同，

心情也會跟著改變。

情緒來自思考。當我們思考不期望的未來時，會感到不安；思考開心的事情
時，會產生雀躍、期待的情緒。人類是用言語來思考的，言語改變，思考模
式就會改變；思考模式改變，情感也會跟著改變。產生「該怎麼辦才好」的
念頭時，請馬上出聲鼓勵自己：「沒問題！一定沒問題的！」

260

年　月　日

從不符合期望變成符合期望。

決定改變思考的習慣。

當我們在心裡對某些人事物產生不滿，大聲謾罵「這個東西好爛！真討厭！」的時候，大腦就會開始想像「如果發生不好的事情怎麼辦」而感到害怕，開始思考不符合期望的事情，並影響說出來的話語，因而招來與想像內容類似的結果。現在開始，試著將思考模式轉換到符合期望的結果，例如「希望可以變成這樣」或「希望得到這種好結果」。

261

年　月　日

轉換心情的達人。
試著讓自己在一天內
有好幾次放鬆的時刻。

什麼事情可以讓你徹底放鬆？品嚐美味咖啡的時候、撫摸寵物的時候，還是散步的時候？請各位珍惜這些放鬆心情的時刻。這些時候，我們的內心和身體都維持在非常穩定的狀態。特別是待辦事項很多、忙到抽不出時間休息的時候，更要幫自己擠出一點放鬆時刻。

262

年　　月　　日

雀躍的心情是來自身體的訊息。
思考什麼事會讓我感到雀躍。

來自身體的感覺非常重要。身體的感覺不需要經過思考，隨時都在傳遞重要的訊息給我們。當大腦思考的結果與身體反應不同，身體反應才是正確的。心裡感覺暖暖的、好雀躍等感受，都是來自身體的訊息，正在告訴我們：「這樣做就對了！」

263

年　月　日

開口對自己說謝謝。

最重要、無可取代的存在。

請各位不要忘記，世界上最重要的人就是自己。善待自己要像善待他人一樣。我們經常對人說謝謝，卻很少謝謝自己。試著開口對自己說：「（自己的名字），今天真是謝謝你。謝謝你每一天的付出。」

264

年　　月　　日

一個人也很幸福。
和別人在一起也很幸福。
找到可以單獨從事的興趣。

人不能只希望別人為自己帶來幸福，否則失去了這個能為我帶來幸福的人，就無法獲得幸福了。每個人都應該掌握自己人生的主導權，不能將人生託付在別人手上。一個人很幸福，和別人在一起也很幸福，這樣才是最強大的。試著花更多時間獨處，或從事一個人就能做的興趣。

年　月　日

對歷代宗親傳達感恩之情。

閉上眼睛，

代代相傳的生命。

我們之所以能誕生在這個世界上，是因為父母；父母的存在，又是因為祖父母。往前回推5個世代，就會有32個祖先，我們才得以誕生。想到這裡，是不是覺得這樣的世代傳承，是一件很難得、很重要的責任呢？

266

年　月　日

監測自己的情緒。

試著將注意力集中於

目前正感受著怎樣的情緒。

想像自己正拿著監視攝影機，觀看自己的情緒。除了觀察自己開心的時候，也要觀察像「我剛剛很煩躁」或是「我現在氣死了！」等所有喜怒哀樂。觀察的那一瞬間，你就成功脫離了戲劇性的情緒。

有這麼多不同的自己也不錯。

每個人都是多重人格。

267

年　月　日

用一句話形容某人的個性其實滿難的。每個人的身上都有各種樣貌。善解人意的自己、壞心眼的自己、積極的自己、冷漠的自己、瞎操心的自己，每一個都不是完全的你，但每一種樣貌都是真實的。全部加在一起才是真正的你。都是最好的安排。

268

年　月　日

未來日記的十大新聞。
以過去式寫下未來一年內
希望實現的夢想。

每年我都會做這個功課，以過去式、手寫的方式，寫下10件自己想做的事或想實現的夢想，裝進信封裡，一年後再打開。雖然開封時早已忘記一年前寫過什麼，但一定會有幾件事已經實現。請各位務必一試。

269

年　月　日

將很會稱讚他人的專長

發揮在自己身上。

像稱讚他人一樣稱讚自己。

很多人明明很會稱讚別人，卻不擅長稱讚自己。面對自己的時候，總會忍不住覺得「這裡沒做好」「還有太多不足」，自我肯定感很可能在不知不覺中越來越低。即使是微不足道的事也好，現在就培養稱讚自己的習慣吧。

270

年　　月　　日

不完美的完美。

我了解人不可能完美，

心情變得輕鬆不少。

不管再怎麼努力，人都不可能完美，但我們還是經常希望自己做到100分。就算拿到90分，還是會忍不住覺得自己還有太多不足。希望各位趁早放棄追求完美與極致的念頭。放棄之後，你會發現輕鬆得不得了。正因為我們都不是完美的人，這樣才更好。

271

年　月　日

試著思考如何昇華憤怒的能量。

憤怒只是能量。

憤怒只是喜怒哀樂其中之一，並不是不好的情緒。將憤怒發洩在別人身上是不對的，重要的是用心感受這樣的情緒。感覺憤怒的時候，就趁這個機會觀察自己：「喔？原來現在我正在生氣。」每個人都應該察覺並正視這樣的情緒。

272

年　月　日

誠實面對自己。

決定不再欺騙自己的感情。

很多人死前後悔沒做的其中一件事情是：「希望當初我有勇氣過自己真正想要的生活，而不是別人希望我過的生活。」大多數人總是拚了命不想讓家人與身邊的朋友失望，但你必須確認這和內心真正想要的是否相同。你的心正在告訴你什麼？

273

年　月　日

暫時停止思考。
花更多時間去想像，
增加發呆、放空的時間。

發呆、放空的時候，最適合想像自己想要什麼樣的生活。腦袋轉個不停的時候，總會冒出「反正不可能實現」或是「不可能那麼順利」的想法來攪局。
放鬆心情或剛起床的時候，大腦比較不會思考，不妨利用這些時間想像夢想已經實現的畫面，用心感受一下到時會有怎樣的心情。

274

年　月　日

說出去的話都會回到自己身上。

仔細檢查平常對人說話時的用字遣詞。

潛意識是沒有主詞（人）的。說出「你真笨」的時候，只有「笨」會進入潛意識。說出「你太棒了」的時候，只有「太棒了」會進入潛意識。說出去的話最容易刻畫在內心，所以平常就要多多留意。

年　　月　　日

逝者已矣，無須再追。

我了解有相遇就有離別。

相信大家都曾經歷過離別的痛苦。但是有相遇就免不了有離別，而且離別並非壞事，只是剛好到了各奔東西的時候。我們要感謝過去相處的時光，各自繼續往前，並期待下一次的全新相遇。

276

年　月　日

過去就像廚餘。
我了解事情過了之後就無法回頭，
並決定放手。

過去和後悔，就像廚餘一樣，放久了會腐壞並發出惡臭。想像自己是一台裝在流理台下方的廚餘處理機，廚餘被丟進來後，就迅速將它絞成碎片吧。將過去也丟進去絞成碎片，並用水沖掉！這個想像練習的效果非常棒喔！

277

年　　月　　日

接著才出現於外在世界。

第一次在自己的內心，

所有事物都會被創造兩次。

我們在日常生活中使用的許多全新發明，都來自於發明者大腦裡的某個想法。因為萊特兄弟的大腦裡有了「想飛上天空」的想法，想法轉化為形體之後，才出現於外在的現實世界。我們的期望也是一樣，想要期望成真，就必須先在大腦裡描繪出期望的內容，接著才會顯於外在。這就是創造的原理。

278

年　月　日

確認自己是否專注於意識。

情緒會讓我知道

自己是否專注於期望的世界。

有個方法可以輕鬆分辨，自己是否將意識專注於期望的世界，就是確認自己的情緒。當我們將意識專注於期望的世界時，會產生快樂、幸福的情緒；當我們將意識專注於不期望的世界時，會感覺不安與擔心。你現在正感受哪一種情緒呢？

279

年　　月　　日

選擇的自由。

恐懼或幸福、擔心或安心，

都可以由我決定。

世界很公平，有兩樣東西是每個人都擁有的，就是死亡與心靈。不論身處什麼樣的狀態，都可以藉由想法、解讀方式與想像力，讓心靈感到自由。不自由，是自己的選擇。同一件事發生在不同人身上，完全取決於各自對事情的看法。有些人會感到不安，甚至害怕同樣的事再度發生。不妨放寬心，以自由的心靈，用感到安心與幸福的角度去面對吧。

檢視卡 ⑨

回顧過去 31 天的書寫內容。
回答以下的問題，想寫什麼都可以。

已經實現的事情。
越來越接近完成的事情。

用一句話稱讚自己。

恭喜完成
Congratulations

寫下發現了什麼。

以「富足」為題，
用預言的方式寫下
希望一個月後發生什麼事。

⋯⋯⋯⋯ 例 ⋯⋯⋯⋯
金錢的進出順利地形成一個循環，
感謝再感謝！

年　月　日

最初的一滴幸福。

我了解幸福始於每個人心中。

本書的兩位作者都曾見過以下畫面，像是：「一個人的靈魂散發出琉璃色的光芒，慢慢向外擴散，地球因這美麗的琉璃色光芒而發光。」「水滴落在水面上，形成一圈圈向外擴散的漣漪，實現了世界和平。」未來日記將伴隨著照亮你的光芒與低落的水滴，自然擴散開來，讓你身旁充滿著幸福之人。

281

年　月　日

機會的種子就隱藏於危機之中。
這次的危機，
隱藏著什麼樣的種子呢？

順風時，正是發揮長處的時候，不過還是要記得做足準備，像是設定期限、不拖延。身陷危機時，則要集中精神思考，如何在最短的時間內做到最好。很多人身處低潮時，都會意外想出好主意，反正已經沒什麼好損失的，所以能全心投入其中，在短時間內將危機化為轉機。

年　月　日

求神問卜，靈也不靈。

我了解自己相信的才會成真。

占卜或抽籤，其實就是你相信的會成為現實。算命與卜卦上寫的內容，沒有任何神力，只有在你接受的時候會成為現實。所以大家只要採納對自己有利的內容就好。那些不符合期望的，就拋在腦後吧。

283

年　月　日

為他人做過的好事，

最後都會為自己換來善報。

打從心裡發願：

「希望那個人的夢想成真。」

潛意識是沒有主詞（人）的。不論是自己實現夢想，還是他人實現夢想，只有「實現夢想」這件事會進入潛意識。無論前者或後者，都可能幫助我們實現夢想。許願別人獲得幸福，自己也會獲得幸福，兩者的原理是一樣的。

284

年　月　日

和贊成並支持自己夢想的人聊聊。

共同分享夢想的人。

有時當我們想做某件事時，會中途殺出程咬金（破壞夢想的人）來阻礙說：
「不可能做到的，還是算了吧！」但等到我們成功之後，這些人又會跳出來
說：「我就知道你辦得到！」找到支持我們圓夢的人，多和他們聊聊。

285

年　月　日

貓就是貓。

發覺每個人有不同的喜好與厭惡。

面對同樣一隻貓,不同人會有不同的反應。有人喜歡貓,因為貓咪好可愛,也有人覺得貓好恐怖。並不是貓又可愛又恐怖,而是因為世界上有各種人。貓在某些人的認知裡是可愛的,在某些人的認知裡是恐怖的。所有事物都是中立的。

286

年　月　日

受人之託就是接受挑戰之時。

爽快地答應以前不願意做的事情。

受人之託但做得心不甘、情不願，那種不舒服的感覺是什麼呢？如果是「違反我的想法所以不想做」「不擅長」「時間不夠」的話，就勇敢地拒絕吧。但如果只是因為麻煩或沒做過的話，大可爽快地接下來。這麼做可以擴展自己擅長的領域，可能就此打開全新的道路。

287

年　月　日

回答的時候只說「好」或「樂意之至」。受人之託時以這兩個方式回答，獲得了出乎意料的發展。

比起總是回答「不行」「No」「嗯～」的人，大多數人還是希望和總是將「好」「Yes」「樂意之至」這些話掛在嘴邊的人有更深入的接觸，更樂於與他們成為好朋友。尤其是剛認識的時候，如果能確實接住對方投出來的球，並將球傳回去，便能開啓雙方之間的緣分拋接球。

時代不停在變。

拋棄那些緊握在手上

不肯放的過時常識。

讓我們搭乘時光機回到江戶時代後期，如果你對路人說：「外國人馬上就要打進日本了，國家將發生極大變化。最有權勢的武士即將凋零，大家以後都會剪去辮子、丟掉和服，改穿洋裝。」應該沒人會相信你吧。但當今的我們，正生活在比明治維新時期更動盪的時代。

289

年　　月　　日

最應該伸出援手的對象，永遠只有自己。決定只專注於整頓自己的世界。

「看他可憐，好想幫助他」這種想法乍看之下充滿慈悲心，但其實非常矛盾。世上所有的一切都有「上・下」或「正確・錯誤」兩極對比，少了任何一邊都不行。一旦萌生「好想幫助他」的念頭，同時也會造成某人產生「好想被幫助」的想法。

年　月　日

怎樣都可以。

發覺這樣的想法才是最強大的。

「一定要這樣」這種強烈的正義感，有時會讓人生走得更艱難。因為當你有了這種想法之後，就會對持相反意見的人產生憤怒或怨恨的感覺，想指責對方或排除對方。有多少人，就有多少正義。當你可以接受與自己的想法完全相反的價值觀時，內心就能獲得真正的平靜。

291

年　月　日

好心情會招來好運。

思考如何讓自己的心情變好。

平時就應該事先了解什麼事可以讓自己維持好心情。例如泡澡、聽喜歡的音樂、赤腳走在沙灘上,或是在KTV唱個過癮,任何事情都可以。下次心情不好時,馬上使用這些方法,讓自己恢復好心情吧。

292

年　月　日

不做讓自己感到痛苦的事。
決定多做讓自己開心的事，
內心的導航。

人體擁有一項非常優秀的導航系統：就是「感覺」。感覺開心、雀躍的時候，就是前進（go）信號；感覺內心難受、沉重的時候，就是停止（stop）信號。做任何事情，不要只用大腦判斷，也請務必試試這套導航系統。

293

年　月　日

情緒來自思考。

感覺不舒服時，

通常都在想著不希望發生的事。

情緒就像一個警報器，讓我們知道自己正在想什麼。想著開心的事情，心情就會變好、笑容滿溢，或是失聲傻笑。當你想著惱怒的人，就會冒出憤怒的情緒。思考著希望怎樣的事情不要發生，就會感覺不安。想改變情緒，就必須先改變思考（想法）。

294

年　月　日

或許並非一切。

我了解自己所看見的世界，

看得見的世界和看不見的世界。

人通常會相信看得見的事物，不願意相信看不見的部分。但是宇宙那麼大，
人類可以看見的物質只占5%。例如人類將看得見的光稱為可視光，卻看不見
紫外線或紅外線。我們必須謹記，宇宙同時存在著看不見的世界。

295

年　月　日

光與影。
光與影是無法切割的組合。

光與影就像是硬幣的正反面，缺一不可。光變強，影子就變深。你現在能看見光嗎？還是看見影子呢？我們可以自己決定道路變亮或變暗，無論是光或影，都是可以自己選擇的。

事實只有一個，但真相有很多。

同樣一件事情，

每個人都有不同的解讀。

當多數人聊起同一件事情的時候，每個人的解讀和記憶都不盡相同。例如下雪，有人非常開心，有人不開心，也有人覺得浪漫。雖然下雪這個事實只有一個，但你感覺到的、想到的，對你來說就是真相，其他人體會到的是不同於你的真相。

297

年　　月　　日

內心的貼文。

試著觀察心中經常發布怎樣的貼文。

我們有時候會在心裡對自己說一些沒人聽得見的無聲話語。你平常都對自己喃喃自語些什麼呢？你的貼文內容是擔心？還是不滿、批判、感謝？找個機會仔細聆聽，用心觀察。對自己喃喃自語的內容，都刻畫在潛意識之中，並打造出你的人生。

298

年　月　日

獲得金錢有很多方法。

從出乎意料的地方

獲得了臨時收入，非常驚訝。

如果你一直抱持著不可能有臨時收入的想法，請將這想法轉化為說不定會有臨時收入。聽聽別人的故事也是一個方法。我曾聽說某人有天突然收到陌生人的聯絡，原來是不認識的親戚的財產管理人。之後這個人繼承了遺產，戶頭多了一筆金額大到超乎想像的收入。

299

年　月　日

選擇最愛的那個。
雖然價格較為昂貴，
但還是選擇最喜歡的那一件。

有句話說「便宜沒好貨」，買東西如果只以便宜與否作為選擇標準，之後很快就會膩了、壞了、不喜歡了，甚至最後丟在一旁不用。如果覺得有一點貴，卻是自己真正喜歡的東西，便會珍惜使用，而且會用很久，長時間算下來反而比較便宜。

300

年　月　日

決定盡情享受被賦予的寶貴時光。

生就是死的開始。

任何人都逃不過的一件事情就是「死」。甚至可以說，從我們出生的那一天起，就開始朝著死亡邁進。一年有8760個小時，如果可以活80年，你還剩下多少時間呢？生命正因為有限，才有價值。你打算如何運用寶貴的時間呢？

301

年　　月　　日

虛偽的自信與真正的自信。

來自他人的評價都與我無關。

你是否會因為獲得他人的正面評價和稱讚而感到自信？但這樣的自信是從他人的觀點出發；受到稱讚就讓你充滿自信，受到批評則會讓你失去自信。真正的自信應該是從自己的觀點出發，無論受到他人的稱讚或批評，都不會因此動搖。自己認可自己，將使你的自信逐漸茁壯。

302

年　月　日

集體意識的力量。
意識擁有的力量之大，
或許遠遠超過我們的想像。

近年許多學者都使用基於量子穿隧原理設計、會生成0與1的亂數產生器，研究人類集體意識，與地球重大事件之間的關係。研究結果顯示，不只是911或311這種天災人禍引起的悲劇，集結眾人的祈求和平活動，也可以清楚看出數據資料是偏頗的，在在證實了人類集合意識所帶來的影響。

303

年　月　日

發揮想像力，進行事前演練。
正式上場前想像事情很順利，
結果成果超乎預期。

有研究指出，意象練習不但會影響情緒，還具有消除緊張與放鬆的效果。因此許多奧運選手等一流運動員，都會藉由意象練習進行訓練。各位不妨開始預先想像最棒的結果。

304

年　月　日

預知情緒。
想像如果夢想實現的話，
我會是怎樣的心情。

最高境界的「預知」，就是運用情緒，盡可能讓夢想更明確、更具體，並想像夢想實現後的各種場景與畫面。這時我會是怎樣的心情？預先體驗未來，能讓大腦誤以為這是現實，開始帶動無意識的行為，往實現夢想的狀態邁進。

305

年　月　日

大笑是實現夢想最極致的方法。

想像一些無厘頭的畫面，放聲大笑。

想像一些事情，若能讓你大笑，證明這些想像都是很真實的。大笑的瞬間能讓交感神經處於優勢，笑完處於放鬆模式時，再切換回副交感神經。當副交感神經處於優勢時，願望比較容易直接進入潛意識。由此可知，大笑就是最好的幸運時機！

306

年　月　日

以中立的方式許願。

我知道許願時，

最重要的是不強求結果。

越希望願望成真，越要注意一件事。當我們發願「絕對要～」或是「無論如何一定要～」的時候，內心的執著會非常強烈，而執著其實就是恐懼。當願望帶著恐懼，越會得到反效果。抱持「可以實現當然最好，但沒有實現也無所謂」這種中立的心情，願望反而更容易實現。

307 👓

年　　月　　日

順應潮流。
掌握訣竅能讓自己毫不費力，
有如順江水而下。

事情順利的時候，不用花費太多力氣也可以順順地往前走。相反地，有時無論再怎麼努力，還是什麼都不順。這時不妨停下腳步，問問自己：「該不會是我根本走反了方向？」說不定有更簡單就能達成目標的方法，或是可以換條路走。有時暫時休息，甚至放棄不做才是最好的方法。

年　月　日

在新時代存活下來的祕訣。
決定從今天開始以靈活的身段，
因應各種變化。

達爾文說過：「最終能生存下來的，不是最強的、也不是最聰明的，而是最能適應改變的物種。」這段話在當今社會更是受用。我們必須放開過去習慣的做法或常識，成為可靈活因應情勢的人。

309

年　月　日

心領神會是一種心靈感應的交流。
體驗不需要言語就能互相傳遞想法的交流方式。

許多大腦相關的研究都指出，母親與孩子之間存在著一種稱為「邊緣系統共鳴」的連結。當雙方取得共鳴時，不須透過言語就可以了解彼此的感受與想法。這個功能直到孩子長大成人都在。代表人類本來就可以透過心靈感應與他人連結。

310

年　月　日

壞人的意義。

思考出現在人生中的壞人，
擔任什麼樣的功能？

人的一生會有許多不同的角色登場。有喜歡的人，也會有討厭的人。這些出現在生命中的人，每個都是我們自己選擇的，是為了讓我們的靈魂學習、成長。在這齣名為「我的人生」的電影當中，我們是電影編劇，也是主演演員。為什麼這齣電影不能缺少壞人的角色？值得我們細細思考。

檢視卡 ⑩

回顧過去 31 天的書寫內容。
回答以下的問題,想寫什麼都可以。

已經實現的事情。
越來越接近完成的事情。

用一句話稱讚自己。

恭喜完成
Congratulations

寫下發現了什麼。

以「人際關係」為題,
用預言的方式寫下
希望一個月後發生什麼事。
⋯⋯⋯ 例 ⋯⋯⋯
與自己的關係變好之後,人際關係
也跟著變好,真是太神奇了!

年　月　日

只要現在好，一切就是好的。

過去的記憶會因現在的狀態而有不同的解讀。

過去是存留在大腦中的記憶，而我們都是在當下回憶過去。如果現在過得很好，即使過去有很多不開心的事或痛苦的回憶，就會了解「因為有那些經驗，才造就出現在的我」。因此，只要聚焦於現在過得很好，過去自然會轉化為好的回憶。

312

年　月　日

獨一無二的世界。
現在所處的世界是獨一無二的。

大腦會自動篩選對我們而言重要的訊息。面對相同的景色、相同的新聞，不同人有不同的見解。而你現在正在體驗、身處的世界，是專屬於你個人，並非與他人共通的世界。你的大腦會為你篩選什麼樣的訊息呢？

年　月　日

平淡無奇，也能感到幸福。

無條件的幸福。

幸福是不需要理由的。同樣都是有錢人，有人覺得很幸福，也有人覺得不幸。有人覺得單身很幸福，也有人不這麼覺得。身體有缺陷，一樣有人覺得幸福，有人感到不幸。有人認為具備各種客觀外在條件就是幸福，其實只是自己的幻想罷了。幸福的最高境界，是即使日子平凡且平淡無奇，也能感覺幸福。

314

年　月　日

抱持正念度過每一天。
慢慢習慣將自己的意識專注於此時此地。

「正念」兩個字解釋為專注於當下這個瞬間，也有留意、用心的意思。過去是截至目前為止的累積，這個當下我們正朝著未來邁進。也就是說，過去和未來並不存在於現實，實際存在的只有現在。因此，專注於當下這個瞬間的正念，才會如此重要。請試著將意識專注於此時此地。

年　月　日

無意識的思考習慣。
試著觀察腦中反覆的喃喃自語
想告訴我們什麼。

内心和大腦反覆出現的自言自語，會在無意識間影響我們的言行舉止，並引來類似的結果。意識、觀察自己心中宣洩的各種喃喃自語，會有很大的發現。你經常在喃喃自語著什麼呢？這些就是無意識中的想法。

316

年　月　日

棒打出頭鳥，
但出頭鳥反獲得稱讚。
偶爾也想試試強出頭的滋味。

人總會在同一階級的團體中，互相猜忌或搞小團體。有時我們會發現，當團體中的某個人打算脫離時，會有其他人跳出來扯他後腿。遇到這種狀況，最好的做法是一口氣跳到讓別人看不見車尾燈的高度，如此便能獲得他人的讚許與尊敬。

317

年　月　日

轉移到平行宇宙。

我知道自己隨時可以藉由意志力，

移轉到期望的世界。

思想和情緒都是波動，我們經歷的現實，都是與自己相同頻率的環境。想像身體是收音機，雖然有許多不同的電台節目同時存在，但我們只能聽到自己調頻到的節目。聽哪一個節目，完全取決於你散發出來的頻率。

318

年　　月　　日

好心情與壞心情。
察覺無論哪一種心情，
都是自己的選擇。

人生中發生的所有事都是中立的，沒有所謂好或壞，只有自己會為每個事件賦予各種定義。有人看到下雨就憂鬱，也有人會因為下雨可以穿雨靴而感到雀躍。「下雨」只是一個單純的事實，好或壞完全取決於自己的解釋，因而使心情受到影響。

319

年　月　日

觀察情緒。

湧現不期望的情緒時，

我能馬上察覺。

期望成為現實之後，就能獲得隨時維持好心情的狀態。之後當發現自己處於壞心情時，不但可以充分感受並斷開這種情緒，也能在心中想像洗滌的畫面，將這些情緒消除，讓願望更容易實現。現在就養成習慣，有意識地察覺並觀察這些在無意識中宣洩而出的情緒吧。

320

年　　月　　日

好心情是實現夢想的最強方法。

維持好心情，讓一切順利。

心情好的時候就會露出笑容，甚至不知不覺哼起歌來。心情好的時候，身邊的人也會感染到這股能量，跟著感覺幸福。心情好的人，自然會吸引人群聚集。提升人際關係、工作順利的祕訣，就是好心情。記得先讓自己維持好心情。

321

年　月　日

感激不盡是最高境界的預知情緒。

在所有夢想都成真的世界裡，

我的內心充滿感謝。

得到了所有想要的東西之後，每個人應該都會忍不住心想「太棒了！實在是感激不盡！」並且把憤怒和不安甩在一旁吧。想像並預知這樣的狀態，就是實現願望的祕訣。在夢想實現之前，一定有夢想尚未實現的狀態。想將之間的縫隙填滿，最簡單的方法就是，面對不管多麼小的事，仍時常心懷感恩、把謝謝掛在嘴邊。

322

年　　月　　日

幸福的青鳥。
發現幸福就在我心裡，
而不是外在賦予的。

想獲得幸福的想法，背後隱藏著「我現在不幸福」。如果以為有錢、有另一半、從事夢想中的工作就是幸福，那真是大錯特錯。要告訴自己「我現在很幸福」，而不是「希望獲得幸福」。幸福是一種內心的狀態，不需要任何條件。

年　月　日

決定不再討好別人。
我知道不管再怎麼努力，
也無法討好所有人。

不管你做得再好、說的話多麼完美，還是有人會討厭你。相反地，不管你怎麼做、怎麼說，還是有人會喜歡你。我們不可能討好所有人，也不可能被所有人討厭。

324

年　月　日

擁抱真實的自己。
比以前更喜歡自己了。

我們比以前更喜歡自己，並不是因為優點變多。不論是好的自己、不好的自己，喜歡的地方、不喜歡的地方，都要全盤接受，包容自己所有的一切。如果能做到這樣，也能同樣包容並接受他人所有的一切。

325

年　　月　　日

我的天命是什麼？

有哪些事情就算賺不到錢還是想做？

若有人問：「有哪些事就算賺不到錢，你還是想做？」你會怎麼回答呢？如果心中有答案，答案裡就隱藏了很明顯的提示。想不出答案的話，或許是因為你心中有「雖然喜歡這件事，但做這種事也賺不到錢」的迷思。先把能不能賺錢放一邊，重新思考看看。相信任何人都可以找到答案。

326

年　　月　　日

靈魂的使命。
發現過往不好的經驗都蘊含著提示。

為了活出靈魂的使命，有時我們會經歷一些乍看之下不好的經驗。例如，想知道真正的富足，就必須先了解不足的狀態。想學習為善，或許就會經歷被欺負。生命中所有不好的經驗，都是為了活出使命所必要的學習歷程。

年　月　日

平凡也充滿感激。

發現平淡無奇的日子，

其實是各種奇蹟累積而成。

學會在好事發生時心懷感謝，下一步就是平凡也充滿感激。可以呼吸、可以感受心跳、打開水龍頭就有水、有食物吃、有衣服穿，面對這些習以為常的事，也應該抱持感恩的心。養成習慣之後，就會越來越幸福。

328

年　月　日

富足的循環。
用錢用得舒服，
獲得了超過價值的體驗。

使用金錢時的心態非常重要。用錢時不應該覺得錢又變少了，而要告訴自己
「得到這筆錢的人變得更富足了」，或是「我對這家店的營業額做出了貢
獻」。聽起來很不可思議，但用錢用得舒服，錢也會樂意再回來讓我們花
用。

329

年　月　日

將意識從缺乏轉為擁有。
用「有」的意識看待事物，
就會看見富足。

人都會在無意識中專注於缺乏，忽略了擁有。桌上擺著一顆咬了一口的蘋果，你是不是只注意到欠缺的那十分之一，而忽略了留在桌上的十分之九呢？練習將注意力放在「擁有」，不要一直想著失去的、缺少的，慢慢就會看見富足。

330

年　月　日

所有一切都在當下。

我知道當下這一瞬間，

一切都是圓滿的。

思考過去時，我們想的是現在；思考未來時，我們想的也是現在。不管過去還是未來，現實生活中只存在現在。現在的下一秒就會變成過去，而我們現在正朝著未來邁進。為了讓過去和未來更完美，我們應該怎麼做呢？答案就在當下。

331

年　月　日

人生最後的問題。

「我是否已充分享受人生？」

「我盡情愛過了嗎？」

我們能帶到另一個世界的，只有回憶與體驗。想做什麼馬上去做，不要再等了。勇敢把愛說出來。人生的最後兩個問題，你是否都能大聲回答Yes呢？為了不讓人生留下遺憾，今天你可以做什麼？

332

年　月　日

放下執著。

發現「都可以」的想法才是無敵。

同樣一件事，做得順手的人會覺得理所當然，不會特別意識；做得不順手的人，就會一直想著這件事、時時掛心，甚至到了執著的地步。兩者間的差別就在「意識」。有個方法可以消除這種意識，就是想像自己順利完成的樣子，越生動越好，讓自己提前沉浸於完成的好心情，接著忘掉這件事。

333

年　月　日

新事物的徵兆。

我了解混亂狀態是即將產生

從渾沌中誕生。

想要開啟新體制，必須先讓舊體制崩壞、瓦解，這個過程就是渾沌。渾沌中會產生全新的事物。有人看到的是事物崩壞的過程，也有人看到新事物誕生的過程，你也可以有自己的解讀方式。

334

年　　月　　日

原諒自己。

原諒那個不能原諒自己的自己。

俗話說：「寬以待人，嚴以律己。」大部分人都能包容、理解別人，但當自己犯了相同的錯誤時，卻會苛責、厭惡自己。發現陷入這樣的情境時，請告訴自己：「我願意原諒那個不能原諒自己的自己。」

創造人生。
人生中發生的一切，
都是自己創造出來的。

我們每個人都是創世主。我們以為自己受到其他人事物的影響，其實是一種錯覺。不論好事或壞事，都是自己創造出來的。當你能認同這個想法，就能拿回自己的能力，順利脫離被害者的立場。

336

年　月　日

一切都由意識構成。

我意識到的一切都會成為現實。

量子物理學探討的是肉眼看不見的物質。量子物理學認為，所有物質都由粒子構成，人類的意識也是生物光子這種粒子構成。物質在被人類觀測的時候，呈現粒子狀態，不被觀測的時候，則呈現波動狀態。也就是說，當你意識到某個物質，該物質就會從波動變化為粒子。

337

年　月　日

預知自己未來的樣貌。

當所有的夢想都已實現，

我將成為怎樣的人？

描繪夢想的時候，可以將夢想分成以下三種類型：①Have（想要某樣東西）、②Do（想做什麼事）、③Be（想成為怎樣的人）。人類的欲望通常也都是由①演進到③。因此我們可以從③開始思考，先預想「當所有夢想都實現了，自己會是怎樣的人？」活出這樣的自己，自然會實現①和②。

338 👓

年　　月　　日

理所當然和感激不盡。

察覺所有的理所當然，

其實都是感激不盡。

平常我們不會意識到吃東西這個行為，只有牙齒痛、無法進食的時候，才會發現能吃東西有多可貴。當我們了解平常不在乎的理所當然，其實都是感激不盡的時候，自然會湧出感謝的心情。今天就把生活中「理所當然的感激不盡」寫下來吧。

年　月　日

世界和平必須先從內心做起。

世界和平的第一步。

祈望世界和平，首先必須讓自己的內心穩定下來。先不論外在世界發生什麼，請先仔細觀察內在是否存在著不安、恐懼、糾葛與憤怒。內心的和平，是我們每個人能做出的最大貢獻。

340

年　月　日

停止思考。

當腦子裡有太多東西的時候，

就不容易察覺直覺。

現代人生活忙碌，每天早上睜開眼睛直到就寢前，大腦沒有一刻停止思考。用腦過度，直覺來時就不容易察覺。想停止思考，方法就是活動身體和發呆。散步、慢慢泡澡等簡單的事，可以為自己保留更多暫停思考的時間。

341

年　月　日

時間流動的速度也不一樣。

集中精神的時候，

時間的相對性。

時間流動的快慢並非一成不變。「什麼？已經1個小時了!? 我還以為才10分鐘！」當我們這麼想的時候，就是因為內在的時間比時鐘測量的還短，也因此能減緩老化。這就是為什麼那些陶醉、鑽研某些事情的人，看起來永遠這麼年輕。

檢視卡 ⑪

回顧過去 31 天的書寫內容。
回答以下的問題，想寫什麼都可以。

已經實現的事情。
越來越接近完成的事情。

用一句話稱讚自己。

恭喜完成
Congratulations

寫下發現了什麼。

以「靈魂的使命」為題，
用預言的方式寫下
希望一個月後發生什麼事。

 例

慢慢地把可以盡情展現自我特色的
事情變成工作。太棒了！

年　月　日

現在自己的大腦中。

過去和未來都只存在於

過去與未來都是幻想。

我們的思維常不知不覺飛到過去或未來，請大家務必察覺這件事。不管是過去的後悔、快樂的回憶，或是愉快的空想，都是現在這個瞬間存在於大腦之中的想法而已。真正存在的只有當下此地。真正存在的只有「現在」「現在」「現在」。

343

年　月　日

所有發生的一切都是中性的。

事情發生的時候，

重要的是如何解讀。

重新調整解讀事情的角度，心理學上稱為「認知框架重構」。不小心受了傷，你可以解讀為「真倒楣！爛透了。」也可以解讀為「還好不是太嚴重，太幸運了！」日子過得幸福的人，並不是因為他們只會遇見好事，而是因為他們選擇用正面的態度解讀一切。

344

年　　月　　日

靈魂的藍圖。

艱難的體驗或許也是靈魂一直想嘗試的事情。

人生在世，有時也會遭遇巨大的困難。但這些困難或許都是你誕生於世界前許下的心願。下次遇到困難的時候，不妨這樣告訴自己：「我的靈魂真有冒險患難的精神！」不用擔心，所有人生中發生的一切，沒有一項挑戰是你無法跨越的。

345

年　月　日

一切都是諸行無常。

告訴自己：

「沒有什麼是不變的。」

世上形形色色的一切，沒有一樣是不變的。就像我們的身體，從出生那天起，沒有一刻是處於相同的狀態。社會運作的體制、人際關係、常識，也是一樣。習以為常的事物發生了改變，無須感覺不安，帶著好奇心看待即可。變化之中必定蘊含著安定。

年　月　日

負面教材教我們的事。

看不順眼的對象可以幫助我們，

了解自己真正想成為怎樣的人。

想像幾個你不喜歡的人，將他們的人格特質寫下來，並試著逆向思考。例如討厭自以為了不起的人，就提醒自己要當個謙虛的人；討厭不遵守約定的人，就提醒自己要當個真誠的人。你會發現，討厭的對象為自己提供了很好的負面教材，讓我們看見自己不期望的世界。

347

年　月　日

練習正向思考。

將「都是～害的」轉化為「多虧了～」。

松下企業的創辦人松下幸之助，將成功歸納為以下三個原因：①小時候太窮、②沒有學歷、③體弱多病。幾乎所有人都會將這三點視為不能成功的原因。我們可以選擇的是，要將事物解讀為「都是～害的」，或是「多虧了～」。

348

年　月　日

誕生於這世上的目的。

捫心自問，

我的靈魂真正想做的是什麼？

我們誕生於世界上的目的就是體驗人生的一切。無論是順利的、不順利的、不愉快的，或是開心的體驗，對靈魂來說都是成功的。我們所體驗到的一切，都是靈魂樂見的，沒有任何體驗是失敗的。讓我們在三次元的世界中，盡情累積各種體驗吧。

349

年　月　日

不再八面玲瓏。

決定不再逞強或擺闊。

追求八面玲瓏的人，無法獲得內心的平靜與安定，因為必須隨時在乎他人的眼光，不斷被影響。我們不可能討好所有人，不論別人討厭或喜歡自己，只要自己喜歡不矯飾的自己就夠了。

350

年　月　日

提升「感謝神經」的敏銳度。

越來越容易在小地方，

找到值得感謝的事。

一個人能否將意識專注於感謝，是一種思考習慣，可以經由反覆練習學會。先將專注力集中於找出生活中值得感謝的地方，幾個星期之後，就算沒有特別留意，大腦也會主動搜尋，並幫助我們找到令人懷抱感恩的地方。

351

年　　月　　日

預知好心情。
時時維持好心情，
一切都會非常順利。

人之所以有想要的事物、想實現的夢想，說到底就是因為我們想體驗好心情。無論是「想要一台帥氣的跑車」「想環遊世界」「想住漂亮的房子」，或是「想幫助他人」，都是為了讓自己體驗到好心情。

年　　月　　日

把討好的對象換成自己。

懂得如何討好自己。

我們常常討好他人，卻不太懂得討好自己。人際關係中最重要的，是和自己的關係，隨時隨地討好自己非常重要。與他人之間的人際關係，正反映出自己與自己的關係。

353

年　月　日

最高境界的自我肯定。
發現自己的存在是至高無上的美好。

想提升自我肯定，最高境界就是：「我知道自己的存在，是萬物賦予我生命。也是因為我，萬物才得以存在。我是獨一無二的存在。」沒有了你，整個宇宙就不成立，跟你擅長什麼無關。即使你什麼都沒做，存在於世界上這件事本身就是一種美好。

354

年　月　日

有意識的選擇。

對自己宣示：

「我要活出最棒的人生！」

我們無法決定往後的人生會如何。每個瞬間我們都在做選擇，差別只在於自己有沒有發現這件事。不管是午餐要吃什麼、要不要答應晚上的飯局邀約，任何小事都是一連串的選擇。不同的選擇，會為人生開拓出無數條道路。如何選擇，都是我們的自由。

355

年　月　日

我是誰？

對著鏡子，問問鏡子裡的自己：

「我是誰？」

電影《你的名字》中，男女主角的靈魂互換，女主角三葉發現自己變成男人後，陷入一片混亂。身體互換了之後，現在這個人是男主角還是女主角呢？我想，大家的答案都是女主角吧。因此「我是誰？」這個問題的答案，並非指身體，也不是指性別或職業。

356

年　月　日

情緒是會感染的。

要激起恐懼的連漪或幸福的連漪，

可以用意志力選擇。

情緒是會感染且無國界的，物理上的距離也無法阻隔這種感染。只要透過SNS等網路空間，任何訊息都能輕易跨越距離的藩籬，短時間內在某一個群體中擴散開來。我們每個人的情緒就像發電機一樣，大大影響著將會引發幸福或是恐懼的連漪。

357

年　月　日

富足的各種樣貌。

在不使用金錢的狀態下，

獲得了想要的東西。

想得到某樣東西，大部分人會開始計算要花多少錢才能買到。但這其實是「沒有錢就無法得到」的一種迷思，事實上，還有別人送的、幫人保管、用其他東西交換等方法。只要將潛意識改變為「有很多方法可以不用花錢也能得到」，現實就能成真。我就有朋友從不買車，都是別人送的。

充足的意識。

我相信錢花掉還會再進來。

○○ 358

年　月　日

幾乎所有人都覺得錢花掉就會變少，其實不然。錢變少的結果是「花掉會變少」這個意識創造出來的。相信錢會越花越多，實際上就會這樣。差別在於你的意識充不充足。意識能創造一切。

359

年　月　日

從金錢的不安解放。

我了解不須為了消除不安而儲蓄。

以怎樣的意識存錢，會決定將來。如果你存錢是因為對未來感到不安，就會發生某些讓你日後覺得「還好當初有存錢」的事，使幻想中的不安成為現實。存錢的祕訣，在於為了讓自己日後做些開心的事。

360

年　　月　　日

「我的人生」這部電影會出現哪些角色？

人生中遇見的任何人都不是偶然。

我曾有過瀕死經驗，看到了許多出生之前就很要好的靈魂，和我聚在一起討論人生的畫面。我希望人生過得更有趣，於是拜託他們：「這時候需要這樣的壞人角色出現。」大家也都爽快答應。明明這種角色很不討喜，大家卻還是在約定好的時間出現在我的人生。知道這件事後，我不禁大哭出聲。

361

年　月　日

共時性是我們和宇宙同頻。在我們看不見的地方，宇宙正進行著各種安排。

之前發生過一些事情，讓我自覺無能為力，不知如何是好。某天晚上我虔誠地祈求，不可思議的事發生了。我睜開眼睛，看見腹部上方聚集了好幾個約30公分的發光球體，我問它們現在該怎麼辦？它們說：「端看妳希望如何結緣，如何實現。」不久後，事情出現出乎意料的轉折，我的祈求真的成真了。

362

年　月　日

原諒與療癒。

原諒他人，就療癒了自己。

無法寬恕他人的想法，會讓自己陷入痛苦之中，更何況對方可能完全不知道自己曾經冒犯過你。我們必須了解，無法寬恕的想法只存在於自己的記憶之中。寬恕就是療癒。原諒不是為了別人，而是為了自己。當你學會了原諒，就能從這分痛苦中解脫，為自己帶來深層療癒。

363

年　月　日

原諒過去無法原諒的事。
原諒過去無法原諒某人的自己。

原諒是最高等級的療癒。首先你必須原諒的，是整個宇宙中最重要的自己。
無論你正在想什麼、無論你做過什麼，都請原諒自己。不論是好的自己，或
是不好的自己，所有的你都是必要的存在。懂得原諒自己，就能原諒他人。

364

年　月　日

開始思考或許外在其實空無一物。

雙眼是映照出內心世界的放映機。

大部分人認為外在環境有個世界，會讓我們看見各式各樣的東西，事實或許並非如此。我們只是運用了雙眼這個放映機，將內在世界的事物投射於外在，並認知到這些內容。從哲學的角度來看，有人認為外在世界其實空無一物，是一種虛擬實境。或許內在世界才是實際存在的世界？

365

年　月　日

幸福的擴散。
我願意成為引發幸福漣漪的
那一滴水滴。

有研究指出，幸福是會感染的，可以感染到三層關係之遠。只要你感到幸福，這分幸福會感染到你弟弟、弟弟的女朋友、女朋友的媽媽等和你有三層關係的人，很多都是間接認識的人。也就是說，只要你感到幸福，就會將這分影響力帶到許多不認識的人身上。

年　月　日

念頭是一種能量。

專注於意識，

成為現實的速度就會加快。

越來越多研究發現，祈求或是念頭都有一定的頻率，具有改善事物的能量。例如我們祈求住院的朋友早日康復，這段時間朋友的各種檢測數字就會獲得改善。讓我們將念頭的能量，專注於期望成真的事物上。慢慢地就會發現，這些事物成為現實的速度越來越快。

367

不要讓外在狀況影響你的人生。
在內心找到一塊
隨時處於平靜的地方。

大型颱風帶來暴風雨，把一切吹得東倒西歪，但颱風眼範圍內卻無風無雨，彷彿什麼事也沒發生。人也是一樣，如果你的內心有一個像是颱風眼般的角落，即使外在世界動盪不已，內心也不容易受到暴風雨的影響。這個角落就在你心裡。請持續探索自己的內心。

年　月　日

自己的責任和他人的責任。

坦然接受無論好事或壞事，

都是自己引起的。

如果發生事情時認為「會變成這樣都是○○害的」，把過錯推到別人身上，人生就會不斷受他人影響。發生不好的事情時，如果能察覺一切都是自己引起，就能找回真正的能力。因為這表示你認同創造和改變的能力，就在自己手上。

369

年　月　日

你就是我。我就是你。
出現在人生中的每個人，
都是我自己。

我曾經有過一次出現人生跑馬燈的經驗。當時，我看到好多人生中重要的人，從和我第一次相遇到現在為止的畫面，播過一段又一段。我同時體會到自己和對方的想法，了解到原來你就是我、我就是你。今天開始，希望別人怎麼對待你，就怎麼對待別人吧。

檢視卡 ⑫

回顧過去 31 天書寫的內容。
回答以下的問題,想寫什麼都可以。

已經實現的事情。
越來越接近完成的事情。

用一句話稱讚自己。

恭喜完成
Congratulations

寫下發現了什麼。

以「原諒」為題。
用預言的方式寫下
希望一個月後發生什麼事。

例

覺得可以原諒那個一直無法原諒的
人了。好神奇的變化!謝謝。

後記

願你的幸福蔓延至全世界

寫完了一整本《3分鐘未來日記【369天實踐版】》的你，正看著怎麼樣的風景呢？是否發現自己，和剛開始寫的時候有什麼不同？我想，周遭的環境和人物，都有了超乎想像的變化吧。

我們認為自己雙眼看見的外在世界，只不過是內在世界的投射。無論是待人親切的朋友，或是討人厭的主管，都是我們自己創造出來的登場人物。甚至地球上某地正在發生的紛爭，也與我們的內心糾葛或自我否定有關。

當我們持續將意識專注於自己的深層內在，將內在世界打造成和平、安穩，且幸福的世界，外在世界就會跟著發生改變。因為**你就是「你的世界」的創世主**。

許多人認為自己一人的力量非常微小，或許你也認為：「只有我一個人改

變，社會怎麼可能改變，這世界根本不會變。」事實並非如此。**我們每個人都具**

備足以改變世界的力量。

研究結果指出，當一個人感覺幸福時，這分幸福就能感染給三層關係以外的人。也就是說，幸福的感染力之大，可以讓你個人的幸福，感染到不認識的人。

如果這世界上有一萬人都在心中點燃了幸福之光，每個人身邊的親朋好友有一百個人的話，感染給三層關係以外的人就有多少人了呢？答案是一億人那麼多喔！

我們兩人都會在不同時期看見類似的畫面。真由美看見了某個人的心中點亮著光芒，光芒向四周蔓延開來，就像一滴水掉落在平靜的水面產生漣漪，不久光芒包住了整個地球。在這畫面之後，真由美聽到了一個聲音：「世界和平是很簡單的。」

弘美則是在創業不久後，看見靈魂散發著光，光芒自然地擴散到每個家人，接著整棟屋子散發出美到令人嘆息的琉璃色光芒，並蔓延到附近的住家、街道，甚至國外，整個地球散發著琉璃色的光輝。她知道：「只要我自己幸福，這個世

界就會和平。」在得知幸福感染的相關研究結果之後，更確信我們看見的畫面有

可能會實現。彷彿一股肉眼看不見的巨大意志，推動著我們兩人認識。

首先要祝福閱讀本書的你擁有幸福。請你成為使幸福蔓延開來的第一道光

芒，讓這分幸福慢慢向外感染，蔓延到你的家人、朋友、職場、社區、國家，甚

至全世界。

本書的出版要特別感謝作家企畫山本時嗣、大河出版責任編輯佐藤晴美、

第一代未來日記的另一位發想人小池眞由美，以及協助發想描摹內容的 Oscar

Wao。

更要感謝的是在茫茫書海中發現《3 分鐘未來日記【369 天實踐版】》、並

加以實踐的每一位讀者，願幸運降臨於你。

山田弘美

濱田眞由美

www.booklife.com.tw　　　　　　　reader@mail.eurasian.com.tw

自信人生 187

3分鐘未來日記【369天實踐版】：萬人見證的書寫奇蹟

作　　者／山田弘美‧濱田真由美
譯　　者／龔婉如
發 行 人／簡志忠
出 版 者／方智出版社股份有限公司
地　　址／臺北市南京東路四段50號6樓之1
電　　話／（02）2579-6600‧2579-8800‧2570-3939
傳　　真／（02）2579-0338‧2577-3220‧2570-3636
總 編 輯／陳秋月
副總編輯／賴良珠
主　　編／黃淑雲
責任編輯／胡靜佳
校　　對／胡靜佳‧李亦淳
美術編輯／林韋伶
行銷企畫／陳禹伶‧蔡謹竹
印務統籌／劉鳳剛‧高榮祥
監　　印／高榮祥
排　　版／杜易蓉
經 銷 商／叩應股份有限公司
郵撥帳號／18707239
法律顧問／圓神出版事業機構法律顧問　蕭雄淋律師
印　　刷／祥峰印刷廠
2023年12月　初版
2024年6月　8刷

【JISSENBAN】MIRAI SAKIDORI NIKKI 369
Copyright © 2022 by Hiromi YAMADA & Mayumi HAMADA
All rights reserved.
Interior illustration by Hiroko YANO
First original Japanese edition published by Daiwashuppan, Inc. Japan
Traditional Chinese translation rights arranged with PHP Institute, Inc.
through AMANN CO., LTD
Traditional Chinese edition copyright © 2023-2024 FINE PRESS
All rights reserved.

定價540元　　　ISBN 978-986-175-771-1　　　版權所有‧翻印必究
◎本書如有缺頁、破損、裝訂錯誤，請寄回本公司調換　　　Printed in Taiwan

每天書寫「未來日記」，便能將你原本就具備的超強想像力，
運用於實現符合期待的世界。

—— 《3分鐘未來日記》

◆ **很喜歡這本書，很想要分享**

圓神書活網線上提供團購優惠，
或洽讀者服務部 02-2579-6600。

◆ **美好生活的提案家，期待為您服務**

圓神書活網 www.Booklife.com.tw
非會員歡迎體驗優惠，會員獨享累計福利！

國家圖書館出版品預行編目資料

3分鐘未來日記【369天實踐版】：萬人見證的書寫奇蹟／
山田弘美，濱田真由美 著；龔婉如 譯. -- 初版. -- 臺北
市：方智出版社股份有限公司，2023.12
400面；14.8×20.8公分 --（自信人生；187）
譯自：【実践版】未来先取り日記369(ミロク)朝3分の
　　　なぞり書きで、引き寄せの神様がやってくる
ISBN 978-986-175-771-1（平裝）

　　1.CST：自我實現　2.CST：生活指導

177.2　　　　　　　　　　　　　　　　　　112017273